Pesquisa qualitativa e psicodrama

Dados Internacionais de Catalogação na Publicação (CIP)
(Câmara Brasileira do Livro, SP, Brasil)

Monteiro, André Maurício
 Pesquisa qualitativa e psicodrama / André Maurício Monteiro,
Devanir Merengué, Valéria Brito. – São Paulo : Ágora, 2006.

 Bibliografia.
 ISBN 85-7183-026-6

 1. Pesquisa qualitativa 2. Psicodrama 3. Sociometria I. Merengué,
Devanir. II. Brito, Valéria. III. Título.

06-7541   CDD-150.198072

Índices para catálogo sistemático:
1. Pesquisa qualitativa : Psicodrama :
   Psicologia   150.198072
2. Psicodrama : Pesquisa qualitativa :
   Psicologia   150.198072

EDITORA APILIADA

Compre em lugar de fotocopiar.
Cada real que você dá por um livro recompensa seus autores
e os convida a produzir mais sobre o tema;
incentiva seus editores a encomendar, traduzir e publicar
outras obras sobre o assunto;
e paga aos livreiros por estocar e levar até você livros
para a sua informação e o seu entretenimento.
Cada real que você dá pela fotocópia não autorizada de um livro
financia o crime
e ajuda a matar a produção intelectual de seu país.

ANDRÉ MAURÍCIO MONTEIRO
DEVANIR MERENGUÉ
VALÉRIA BRITO

Pesquisa qualitativa e psicodrama

PESQUISA QUALITATIVA E PSICODRAMA
Copyright © 2006 by André Maurício Monteiro,
Devanir Merengué e Valéria Brito
Direitos desta edição reservados por Summus Editorial

Editora executiva: **Soraia Bini Cury**
Assistente de produção: **Claudia Agnelli**
Capa: **Madalena Elek Machado**
Projeto gráfico e diagramação: **Crayon Editorial**
Fotolitos: **Pressplate**

Editora Ágora
Departamento editorial:
Rua Itapicuru, 613 – 7º andar
05006-000 – São Paulo – SP
Fone: (11) 3872-3322
Fax: (11) 3872-7476
http://www.editoraagora.com.br
e-mail: agora@editoraagora.com.br

Atendimento ao consumidor:
Summus Editorial
Fone: (11) 3865-9890

Vendas por atacado:
Fone: (11) 3873-8638
Fax: (11) 3873-7085
e-mail: vendas@summus.com.br

Impresso no Brasil

Sumário

Apresentação 7
WILSON CASTELLO DE ALMEIDA

Introdução 11
DEVANIR MERENGUÉ

Um convite à pesquisa: epistemologia qualitativa e psicodrama 13
VALÉRIA BRITO

Psicodrama e investigação científica 57
DEVANIR MERENGUÉ

Pesquisa qualitativa e segmentação cênica: uma proposta de seqüenciação 89
ANDRÉ MAURÍCIO MONTEIRO

Um diálogo entre os autores 121

Apresentação

O TERMO "pesquisa" remete-nos, de início, à idéia de um procedimento quantitativo – seria o que identifica o seu teor científico. Porém, no título deste livro, os autores apõem o adjetivo "qualitativo", a fim de determinar com precisão o objeto do presente estudo. No correr do texto, Valéria Brito esclarece-nos essa polarização com dados históricos e conceituais valiosos e dicotomiza duas possibilidades: produzir conhecimentos e/ou criar um projeto dramático do grupo. Uma coisa ou outra. Uma coisa e outra.

Pesquisa qualitativa e psicodrama é livro para compor mais uma etapa desse caminho aberto por J. L. Moreno que vem desafiando os psicodramatistas, a partir da proposta-mãe: a sociometria.

Centrada nos pequenos grupos sociais, ela busca a compreensão das inter-relações humanas, descartando a identificação com um único chefe, democratizando-as em mutualidades, com as escolhas em três momentos distintos, que vão direcionar o estudo da dinâmica grupal.

É desse início estabelecido que qualquer outro trabalho vai se desenvolver: pedagógico, organizacional, terapêutico ou político.

Mas seria apenas isso o método de pesquisa do psicodrama?

Há um buliço no ar, há desejos insatisfeitos, há um clima de "quero mais".

O que querem esses alunos e supervisionandos de que nos fala Devanir na introdução, curiosos, inquietos, questionadores?

Do outro lado, o que quer a academia, expressão da conserva cultural, não aceitando ou não permitindo experiências e vivências novas a que o psicodrama se propõe em sua práxis?

O que querem, por fim, Devanir, Valéria, André, instigando-nos a refletir sobre os trechos faltosos do nosso caminhar?

Eis aqui um livro que não é fácil mas é necessário. Foi escrito para ser estudado com interesse e afinco, se quisermos avançar com responsabilidade dentro das "crises culturais e sociais" próprias do processo civilizatório, que nos convocam a participar e a opinar, em função do nosso papel social.

Então, na leitura feita com bastantes elogios, descortinou-me a intenção dos autores. Ah! Agora me clareara a preocupação permeante no meio psicodramático. Pertencendo ou não à comunidade científica ou universitária, a qualquer momento um de nós será instado a participar de debate dito científico.

Como pacificar as angústias?

André Maurício foi enfático ao nos alertar para a armadilha a que estamos expostos quando, a fim de agradar o mundo erudito, excluímos parcelas significativas dos métodos de ação. Sabemos todos o quanto a escrita esmaece o brilho e a emoção de uma cena dramatizada, ainda que colocássemos o sangue das veias e o sal da boca, fazendo-a "encarnada" à moda das filosofias da existência.

Em certo trecho de sua dissertação, Devanir, ao falar da "fraqueza teórica" do psicodrama, dá a entender que ali não há um ponto de chegada. Aplaudo-o e permito-me complementar: com inspiração no eterno vir-a-ser do método fenomenológico existencial, ali só existe o ponto de partida.

À leitura das várias passagens, entusiasmei-me com o exposto e mantive um caloroso diálogo com esses tecelões de palavras. Um pouco do que gostaria de dizer está em minhas preocupações para falar da "psicoterapia aberta". Outrossim, todos os contraditórios estão postos com pertinência e propriedade na lavra de meus queridos amigos.

Sabe-se que, mesmo entre os profissionais daquele setor do conhecimento reconhecido como ciência, não haverá mais quem possa acreditar no distanciamento absoluto entre pesquisador e objeto de pesquisa. O balanço qualitativo também é científico, permitindo uma apreciação de conteúdos, de conceitos e tendências.

Este livro nos dá elementos para entender J. L. Moreno como precursor de uma metodologia identificada com a busca qualitativa da ciência.

É ler para chancelá-lo como tal.

Parabéns aos autores.

WILSON CASTELLO DE ALMEIDA

Introdução

DEVANIR MERENGUÉ

Nos ÚLTIMOS ANOS, eu ouvi algumas vezes a pergunta, feita por alunos e supervisionandos em psicodrama: *Como usar o psicodrama para a pesquisa científica?* Ou: *Estou escrevendo um projeto de pesquisa para o mestrado e gostaria de utilizar técnicas do psicodrama. Onde posso encontrar material que me dê referências para isso?*

Nesse momento, muitos psicodramatistas estão fazendo pesquisa no Brasil, mas poucos discutem o uso do psicodrama com esse fim. Alguns psicodramatistas simplesmente abandonam o psicodrama ao adentrar na academia: *é pouco embasado, ainda não é um método*, dizem.

Conheço alguns belíssimos trabalhos já apresentados na universidade, porém a discussão sobre a pertinência, a adequação ou não, os ganhos, as dificuldades dos projetos científicos que se utilizaram do psicodrama como método de investigação parece, até agora, ter sido mais ou menos escamoteada. Temo que muitas dissertações e teses tenham ficado nas prateleiras das bibliotecas sem grande divulgação para um público mais amplo.

Nas conversas com Valéria Brito e André Monteiro, levantei a idéia de produzirmos conjuntamente um livro sobre o assunto, aproveitando nossas experiências como docentes em cursos de formação de psicodramatistas ou orientando alunos na universidade. Tentamos dividir os temas entre nós, mas ao escrever pude notar que mantivemos em parte o projeto. Cada um, criativamente, produziu aquilo surgido nos dois anos que duraram a escrita, matizada por tantas outras experiências pessoais e profissionais. O resultado, a meu ver, foi mais amplo e menos enrijecido. Os três textos funcionam como um mosaico, no qual os elementos complementam-se, contradizem-se, repetem-se ou ficam justapostos. As peças são atravessadas e as respostas e perguntas estão colocadas quase que indistintamente nos três textos. O mosaico compõe-se por muitas questões que ainda não conseguimos fazer e por silêncios imensos em um diálogo que está apenas começando.

Realizamos uma conversa pela internet, reproduzida no último texto do livro. Julgamos interessante dialogar sobre um assunto que atravessa nosso cotidiano. Cortei aquilo que julguei excessivo ou irrelevante, contudo mantive o clima de seriedade e bom humor da conversa realizada em um domingo de abril, mostrando que discutir ciência pode ser algo bem divertido.

Espero que o leitor desfrute desse esforço e que o psicodrama como método de pesquisa ajude a clarear tanta escuridão.

Um convite à pesquisa: epistemologia qualitativa e psicodrama

VALÉRIA BRITO

A GRANDE maioria dos profissionais das ciências humanas e da saúde tem pouco ou nenhum treinamento específico em pesquisa; apenas recentemente os currículos de graduação nessas áreas passaram a incluir disciplinas específicas sobre o tema. Assim, para aqueles que não ingressam em programas de mestrado e doutorado, a pesquisa se reveste de uma aura de impenetrabilidade que muitas vezes dificulta o desenvolvimento de uma reflexão mais sistemática e socialmente compartilhada sobre nossas práticas.

A exigência de monografia em cursos de pós-graduação *lato sensu* seria uma alternativa para preparar profissionais nesse âmbito. No entanto, a ausência de disciplinas específicas ou a superficialidade no trato do tema torna a exigência de um texto científico como esse um fardo mais do que uma oportunidade. Desse modo, muitos completam os créditos ou horas exigidos em outras atividades, preferindo abrir mão do credenciamento a escrever o texto científico.

Nos últimos quinze anos, tenho atuado como orientadora de monografias e muitas vezes acompanhei o sofrimento de quem conseguiu apresentar os trabalhos e a frustração de quem desistiu por considerar a pesquisa exigida – bibliográfica ou empírica – muito difícil e até dispensável para a atuação profissional. Este texto é fruto dessas experiências e pretende servir como referência para profissionais que enfrentam os desafios da realização desse tipo de trabalho de conclusão de curso, especialmente os que se interessam por psicoterapia psicodramática.

Como pode um profissional de formação superior, que voluntariamente procurou uma pós-graduação profissionalizante, geralmente com custos elevados, desistir de completar o curso por "não conseguir", "não querer", "achar desnecessário" escrever um texto que permitirá a ele se submeter à prova, investigar por si mesmo os princípios e conceitos que pretende aplicar em seu trabalho?

Um sem-número de respostas-padrão poderia servir para atribuir a alguém ou alguma coisa a responsabilidade por compreender e, idealmente, controlar essa situação. Entretanto, uma pesquisa qualitativa pode nos indicar outro caminho. Uma de minhas alunas na formação em psicodrama, vamos chamá-la de Ana, uma psicóloga de 40 anos, atuante, bem-sucedida e respeitada na instituição em que trabalha, tendo cumprido todas as exigências para a titulação (supervisão, psicoterapia e disciplinas) e às vésperas de perder o prazo para apresentar sua monografia, quando sugeri um tema para seu trabalho, disse-me:

> Considero-me psicodramatista e emprego o psicodrama em minhas atividades profissionais. Não preciso do título. Tenho muitas experiências que me convenceram de sua utilidade como recurso para realizar o meu trabalho, não sou acadêmica como você, não quero escrever, fazer pesquisa. Se pudesse só descrever o que faço, vá lá...

Este capítulo é uma discussão sobre essa resposta. A seguir, apresento algumas de minhas reflexões acerca de situações como a dessa aluna e sobre como podem ser ressignificadas e superadas. Inicialmente, discuto alguns aspectos que podem nos ajudar a compreender como profissionais formados no ambiente universitário, em especial das ciências humanas e da saúde, dissociam-se da ciência e da pesquisa científica. Na seqüência, apresento alguns temas da discussão epistemológica contemporânea e princípios da epistemologia qualitativa de pesquisa. Concluindo, discuto como a socionomia pode dialogar com outras teorias na busca de um conhecimento científico simultaneamente rigoroso e flexível, que promova mudanças e não apenas explicação dos fenômenos humanos.

DE CONSUMIDOR A PRODUTOR DE PESQUISAS

TRADICIONALMENTE, as dificuldades na formação de pesquisadores são atribuídas a características pessoais ou ao sistema de ensino como um todo, mas pouco se discute como essa aura de impenetrabilidade foi criada e é mantida por uma concepção muito restrita do que é a pesquisa científica. Deixando de lado a ampla gama de condições que gerou essa concepção – bastante discutida na literatura recente (Rey, 2005; Neubern, 2005) –, cabe destacar aqui que para amplos conjuntos da sociedade, aí incluídos muitos pesquisadores profissionais, a pesquisa científica é mesmo uma atividade muito distinta da experiência cotidiana e reservada aos recintos acadêmicos. Alicerçada em pressupostos epistemológicos que se tornaram hegemônicos no século XX, a concepção mais corrente define a pesquisa científica como aquela que segue o método científico e entende que este é, por excelência, o método experimental ou, no mínimo, um método que inclua sofisticados recursos estatísticos.

Assim como tudo o mais nas sociedades ocidentais contemporâneas, a mídia se encarregou de propagar uma imagem da pesquisa que a maioria de nós aceita como válida. Ademais, o termo "pesquisa" é associado a um sem-número de fatos que por essa associação adquirem o *status* de verdade, e muitos se sentem mais seguros em tomar decisões baseadas em "pesquisas científicas". Contudo, essa imagem associada à pesquisa, de uma atividade reservada a gênios ou loucos, pessoas diferentes das pessoas comuns, que trabalham em lugares assépticos, diferentes dos lugares comuns, e que emprega instrumentos sofisticados e fórmulas matemáticas complexas também nos coloca em uma posição passiva, como meros consumidores desses resultados. Em geral, não nos interessa saber como tal ou qual pesquisa foi desenvolvida e a que interesses os pesquisadores pretendiam atender; atentamos apenas para os resultados e os empregamos como argumentos seguros e racionais para nortear nossas escolhas.

Essa adesão a uma imagem tão restrita de pesquisa científica torna-a perigosamente próxima de discursos dogmáticos aos quais a ciência procura se contrapor. Tomar a pesquisa científica como uma atividade restrita a um grupo de pessoas especiais, neutras em relação à realidade social e histórica, que produz pensamentos ou fatos incontestáveis, em suma, torná-la um oráculo moderno é perigoso para a população em geral e ainda mais para os profissionais que atuam das ciências humanas.

Em um país de profundas desigualdades como o nosso, em que muito poucos freqüentam o ensino superior, uma das tarefas fundamentais dos profissionais em ciências humanas e da saúde é ser também agente de educação, ou seja, manter-se atualizados e ajudar a disseminar o conhecimento especializado. A cultura de massas (revistas, TV, internet) não apenas seleciona os temas em função de seu impacto como notícia ou propaganda, mas freqüentemente se limita a divulgar resultados, abrindo campo para discussões superficiais que, via de regra, ignoram aspectos cruciais do método empregado para obter os tais resultados. Além disso, considerando que uma parcela expressiva das pesquisas mais divulgadas é realizada em outros países, não podemos assumir seus resultados como generalizáveis para nossa cultura.

Instala-se, assim, uma contradição: a cultura de massas e, por conseguinte, parcelas significativas da sociedade valorizam o discurso científico como verdade mais confiável do que outros discursos sem, contudo, assumir em relação a ele uma atitude científica, isto é, crítica, cética. Considerar que a pesquisa é assunto reservado à pequena parcela de nossos colegas de graduação que atua no ambiente acadêmico ou centros de pesquisa pode parecer uma atitude neutra, mas, na prática, implica manter essa contradição.

Atuar como críticos bem informados em relação aos dados que são divulgados na mídia e como leitores interessados nos trabalhos de pesquisa em nossas áreas de interesse nos permite garantir que o conhecimento científico desempenhe sua função social, influindo positivamente nas relações singulares que estabelecemos com as pessoas. Talvez mais do que aos pesquisadores, cabe aos profissionais que intervêm diretamente na sociedade ajudar as pessoas a selecionar quais e até que ponto pesquisas científicas podem ser empregadas como recurso para nortear escolhas e ações específicas.

Nesse sentido, mais do que uma exigência formal, entendo a realização de pesquisas em cursos de graduação e pós-graduação *lato senso* nas ciências humanas e na saúde como uma oportunidade para penetrar ativamente no discurso científico sobre temas que interessam àqueles que não escolheram a pesquisa como sua área de atuação. Assumindo o papel de pesquisador, ainda que por um curto período, é possível desmistificar meios e modos de investigação e, principalmente, ser mais crítico em relação aos resultados e suas possíveis aplicações.

Assim, este capítulo – e de modo geral esse livro – é mais do que uma referência para pesquisadores iniciantes ou em formação; é um convite para profissionais que não trabalham diretamente com pesquisa. Formados à sombra da imagem de cientista que se tornou popular na mídia – homem, de meia-idade, branco, de jaleco, trabalhando isolado no laboratório, de óculos ou com expressão permanente de surpresa e, muitas vezes, intenções de dominar o mundo –, muitos homens e talvez um número mais expressivo de mulheres mantêm uma concepção estreita do sentido da pesquisa científica e da ciência em geral, considerando-as distantes, acima ou abaixo de suas aspirações e interesses. Sendo uma psicóloga que atua simultaneamente como psicoterapeuta e professora universitária, espero oferecer a meus alunos e alunas em psicologia uma referência adicional para seus trabalhos acadêmicos, mas sobretudo almejo sensibilizar aqueles que estão fora dos centros de pesquisa, especialmente em cursos de pós-graduação profissionalizantes (formação de psicoterapeutas, facilitadores de grupo), a fim de adotar no cotidiano de suas ações profissionais uma atitude científica, questionadora.

A imagem do "cientista louco" que mencionei anteriormente é simultaneamente uma homenagem a um grupo de pesquisadores que marcou a ciência do século XX e uma crítica aos estreitos limites da concepção dominante sobre os pesquisadores, um alerta sobre os riscos de uma ciência feita acima ou à margem do contexto histórico-social. A adesão ao modelo de ciência pautado nos princípios positivistas de controle e neutralidade foi fundamental para o progresso tecnológico no Ocidente e gerou mudanças profundas na compreensão da natureza e do potencial humano. Contudo, as limitações impostas por essa epistemologia no que se refere aos temas relevantes para o desenvolvimento humano e as pretensões de controle que fomenta têm sido objeto de preocupação e críticas. Com seu cabelo desgrenhado e expressão de surpresa, a imagem do cientista louco homenageia Albert Einstein (1879-1955) e, por associação, vários físicos, químicos e biólogos que desenvolvem pesquisas experimentais. Histórias em que a pretensão de "dominar o mundo" é tema recorrente também nos alertam para a importância de avaliar o impacto dessas pesquisas no bem-estar coletivo.

Profundamente comprometido com o projeto social da burguesia, o modelo científico pautado no positivismo tem logrado manter-se dominante, mesmo ante as críticas que o acompanham desde seu surgimento, no século XIX. Como bem sintetizam Edna Kahhale, Madalena Peixoto e Maria da Graça Gonçalves (2002, p. 61):

O positivismo fundamentou epistemologicamente todas as ciências naturais e sociais, unificando critérios metodológicos – observação, experimentação, raciocínio hipotético-dedutivo e indutivo (lógica formal), replicabilidade, previsão e controle. No entanto, tem sofrido críticas e reformulações no sentido de adequar-se às novas descobertas da física e das ciências humanas, tais como de solucionar problemas lógicos decorrentes da linguagem, os problemas de verificabilidade e experimentação dos fenômenos humanos e sociais, bem como interferências do cientista no seu objeto de estudo. Mas a essência de suas propostas não tem se modificado.

Todavia, notadamente a partir da Segunda Guerra Mundial, o volume e a intensidade das críticas geraram um debate intenso fora e dentro do âmbito acadêmico, e hoje é possível identificar um conjunto expressivo de pensadores e pesquisadores alinhados em torno de uma redefinição dos parâmetros científicos. Dentre as dimensões mais importantes desse debate, cabe destacar as discussões acaloradas sobre a pertinência de as ciências sociais empregarem apenas, ou preferencialmente, as metodologias quantitativas. Entre outros aspectos, argumenta-se que esta inclinação, com ênfase nos aspectos direta ou objetivamente mensuráveis, tem obscurecido dimensões importantes da vida humana e constitui empecilho para formulações teóricas e técnicas mais criativas e mais comprometidas com a mudança social.

Na esteira do que tem sido genericamente denominado movimento pós-moderno, discutem-se, sob diferentes pontos de vista e em praticamente todas as áreas do conhecimento, modelos de ciência que priorizem a dimensão qualitativa da experiência humana. Pesquisadores afinados com esse movimento entendem a produção científica como empreendimento humano, necessariamente subjetivo, e procuram evidenciar seus objetivos e recursos em termos de sua repercussão para os demais membros da sociedade.

A própria distinção entre as ciências em sociais e naturais assume contornos mais difusos, uma vez que os termos "sociedade" e "ciência" deixam de ser entidades distintas e isoláveis. A sociedade é considerada uma abstração, um conceito que procura descrever as pautas relacionais complexas dos indivíduos e grupos humanos; ao passo que a ciência é concebida como uma das pautas relacionais possíveis. Independentemente de seus objetivos ou objetos de pesquisa, toda ciência é social na medida em que se realiza como atividade humana socialmente construída. Reconhecendo-se como participantes ativos da criação de seu tema de estudo, cientistas podem investigar as dimensões menos objetiváveis do relacionamento que se estabelece entre pessoas na situação de pesquisa.

Mudanças significativas no próprio conceito de ciência abrem possibilidades para um diálogo mais constante e fecundo entre o conhecimento gerado na prática cotidiana e a pesquisa acadêmica. Afirmativas como a da psicodramatista em formação que descrevi no início do capítulo denotam uma concepção restrita de ciência, baseada em princípios positivistas que, embora permaneçam hegemônicos, já não são exclusivos nas discussões e produções acadêmicas. A esse respeito, comenta Turato (2005, p. 507):

> Tem-se deparado, de modo crescente, com interesses e com realizações de pesquisas qualitativas no campo da saúde. Em conseqüência, há uma maior demanda nas buscas dos programas de pesquisa institucional, assim como na procura de congressos acadêmicos e periódicos científicos, respectivamente, para viabilizar projetos e divulgar os resultados de seus trabalhos.

Desse modo, ao contrário do que pensava Ana e do que tantos outros profissionais e estudantes das ciências humanas e da saúde comumente alegam, é possível comunicar o conjunto de nossas experiências concretas com as pessoas e os grupos sem que precisemos nos render ao reducionismo asséptico; é possível descrever o que fazemos na prática cotidiana e simultaneamente fazer ciência. A comunidade acadêmica é, sem dúvida, o fórum privilegiado para desenvolver trabalhos eminentemente comprometidos com a produção e transmissão do conhecimento, permitindo àqueles que se sentem estimulados a dedicar-se primariamente a essas atividades ingressar em programas de pós-graduação, no Brasil e no exterior, com linhas de pesquisa afinadas com diversas vertentes epistemológicas pós-modernas.

E aqueles que se especializam em cursos independentes, os cursos de formação, também podem empregar princípios da pesquisa científica para realizar trabalhos com aportes metodológicos que, privilegiando a especificidade de sua prática, igualmente possam contribuir para os debates acadêmicos.

Em suma, entendo que é possível integrar o debate científico, como pesquisador ou profissional, a partir de premissas claras e suficientemente abertas a fim de promover uma crítica responsável às limitações e aos enganos do modelo positivista, uma produção científica consistente e socialmente relevante sem, contudo, abrir mão de referenciais teóricos significativos para nossa experiência. Vivemos em um momento de intensa discussão epistemológica no qual nem Ana nem qualquer outro profissional ou estudante precisam ser como eu, membro da comunidade universitária, para fazer pesquisa. Aliando uma posição crítica sobre os princípios positivistas e neopositivistas à concepção tradicional de ciência e, por conseguinte, de cientista, podemos tornar a exigência formal do trabalho de conclusão de curso uma oportunidade para desenvolver uma atividade instigante e criativa com repercussão entre nossos pares, e não apenas uma demonstração de adesão a formalismos conceituais ou metodológicos. Enfim, uma oportunidade de atualização e desenvolvimento pessoal, especialmente para aqueles que não pretendem seguir uma carreira acadêmica. Em termos psicodramáticos, deixar de reproduzir conservas culturais para nos tornarmos mais espontâneos e criativos.

Recusando o objetivismo artificial, o determinismo simplista e, principalmente, considerando a atividade de pesquisa como uma relação ativa e dinâmica entre seres complexos, o debate epistemológico pós-moderno tem gerado um amplo espectro de métodos de investigação. No cipoal de denominações que se desarmonizam sob a denominação pós-moderno, congrega-se um sem-número de pensadores e pesquisadores, e a aparente confusão entre as idéias que defendem é freqüentemente empregada como justificativa para manter distância do debate que propõem. Essa posição de desconfiança pode levar a uma adesão irrefletida ao modelo positivista e nos alijar das discussões relevantes para nossa atuação como profissionais e cidadãos. Por outro lado, subestimar as pequenas e grandes diferenças nesse conjunto pode nos levar a cometer o erro de adotar simplificações que descaracterizariam a crise de paradigmas em suas premissas fundamentais de aceitação da diversidade, expondo-nos ao risco de aderir a referenciais teóricos por conveniência momentânea (Neubern, 2005).

Despida da roupagem confortável dos princípios neopositivistas que defendem um método unificado – ou, na pior das hipóteses, uma escala de métodos preferenciais em que a investigação experimental ocupava o topo da lista e as investigações qualitativas, a base –, a escolha metodológica adquire uma importância central na discussão epistemológica contemporânea (Morin, 2002). Reconhecidos como sujeitos ativos na produção de um conhecimento que não é espelho de uma realidade universal, atemporal, mas produto dinâmico de relações sociais, cientistas que participam do debate epistemológico pós-moderno procuram escolher métodos de pesquisa como um "fio de Ariadne", uma referência para transitar pelo labirinto das possibilidades de interpretação e também de transformação do real, sem negar sua complexidade e sem nos deixar devorar pela confusão.

METODOLOGIA E MÉTODO

Antes de prosseguir, cabe então distinguir os termos "metodologia" e "método". Os princípios metodológicos de uma pesquisa podem ser compreendidos e descritos em duas dimensões fundamentais: a concepção do que é pesquisa e os recursos que serão empregados para realizá-la. Há autores que nomeiam a primeira dimensão como método e a segunda como metodologia (Kude, 1997), enquanto outros (Haguette, 1992; Potter, 1996) assumem o oposto. Por motivos etimológicos, opto por integrar o grupo daqueles que definem metodologia como o conjunto de pressupostos básicos que norteiam a pesquisa no que diz respeito à definição de sua natureza e dos meios válidos ou propícios à sua execução e método como o conjunto de recursos, técnicas de coleta, de análise e de comunicação das evidências empíricas. "Metodologia é como uma estratégia – ou plano – para atingir um objetivo; métodos são táticas que podem ser empregadas para atingir os objetivos da metodologia" (Potter, 1996). A definição da metodologia norteia e baliza a escolha e aplicação do método e das técnicas da pesquisa.

Com base nesta distinção, é possível delinear o debate contemporâneo sobre metodologia em torno da polarização entre metodologias qualitativas e quantitativas. O delineamento dos contornos desses dois pólos pode ser realizado de acordo com muitos critérios. Um deles é de oposição, no qual argumentos do tipo "a metodologia quantitativa é de cunho positivista e a metodologia qualitativa é humanista" ou "pesquisa quantitativa tem uma longa tradição de estudos em laboratório, sem preocupações sociais", ou ainda "metodologia qualitativa é inferior, pré-científica" (Kude, 1997, p. 15). Esse critério de oposição desconsidera que qualquer modalidade de pesquisa científica pode ser entendida como uma atividade que procura conciliar criatividade e padronização para dar suporte empírico às sínteses explicativas propostas pelos cientistas: as teorias. As abordagens quantitativas e qualitativas são confrontadas em uma falsa oposição que hierarquiza a diferença e serve como justificativa para a intolerância (Pereira, 2001). Fundamentadas em pressupostos epistemológicos, as diversas áreas do conhecimento, em distintos períodos históricos, atribuem a cada uma das faces desse binômio um maior peso relativo.

A polarização das metodologias qualitativas e quantitativas pode ser descrita de modo menos maniqueísta se for articulada a uma perspectiva histórica. No âmbito das ciências humanas, Denzin e Lincoln (1994, p. 1-9) descrevem a diferenciação dos pólos quantitativo e qualitativo em "cinco períodos históricos":

1 Vai das primeiras décadas do século XX até o pós-Segunda Guerra Mundial e caracteriza-se por um tipo objetivo de pesquisa, em uma tradição positivista na qual pesquisadores são especialistas (*experts*) estudando culturas "alienígenas".
2 "Fase modernista", caracterizada por "pesquisas qualitativas de importantes processos sociais"; período de "fermento criativo" na academia que se estende até os anos 1970.
3 Período de "distinções difusas" (*blurred genres*), durante o qual abordagens tradicionais foram substituídas por novas abordagens tais como pós-estruturalismo, neopositivismo, neomarxismo, desconstrutivismo etc.; encerra-se por volta da metade dos anos 1980.
4 "Crises de representação" fazem erodir normas clássicas e colocam em questão as influências do gênero, da classe social e raça nas interpretações, a partir do que os pesquisadores qualitativos tornam-se mais auto-reflexivos e formulam seus escritos mais como interpretações pessoais do que teorias emergentes (*grounded theories*) ou explicações; este período perdura até o final do século XX e confunde-se com o momento atual.
5 Período caracterizado por pesquisadores mais ativos (ou ativistas) que discutem os parâmetros de avaliação dos estudos

qualitativos e estão mais inclinados a produzir teorias em pequena escala do que para grandes narrativas.

Tomada em uma perspectiva sócio-histórica, a polarização entre metodologias quantitativas e qualitativas delineia-se como um debate que se organiza a partir da tensão entre grupos de cientistas que defendem diferentes pressupostos ontológicos e epistemológicos. Assim, a escolha de uma metodologia de pesquisa traduz uma posição em termos epistemológicos e não apenas uma adesão a um método em oposição a outro. Uma pesquisa que emprega metodologia qualitativa mais freqüentemente estará alicerçada por pressupostos compreensivos e interpretativos em relação ao fenômeno estudado, ao passo que pesquisas quantitativas geralmente definem seu objeto de estudo em termos de verificabilidade. Em si mesmos, os métodos pouco significam. Tanto pesquisas quantitativas como qualitativas podem lançar mão de instrumentos do tipo entrevistas (qualitativos) ou testes (quantitativos); a diferenciação ocorre no valor explicativo atribuído aos resultados coletados.

Ao situar-me no pólo qualitativo do debate metodológico contemporâneo, tomo uma posição na esfera epistemológica que reflete minha adesão ao grupo dos pesquisadores para os quais cientistas, assim como os demais seres humanos, "criativa e subjetivamente constroem significados por si mesmos; os significados variam substancialmente entre as pessoas e através do tempo e a apreensão do significado muda substancialmente segundo o contexto" (Potter, 1996, p. 49).

Dessa maneira, os termos "metodologia" e "método" ficam reservados à dimensão mais concreta da pesquisa, enquanto o termo "epistemologia" refere-se ao âmbito filosófico em que elas se articulam. Por exemplo, sob o referencial epistemológico qualitativo, posso adotar a metodologia fenomenológica ou a psicodramática e, como método, posso empregar entrevistas nos dois casos.

EPISTEMOLOGIA QUALITATIVA E METODOLOGIAS QUALITATIVAS

O TERMO "epistemologia qualitativa" reúne um amplo conjunto de metodologias que se contrapõem ao positivismo, na medida em que entendem metodologia como uma reflexão sobre o fenômeno e o método como produto indissociável dessa reflexão, ou seja, como escolha do pesquisador. O ponto comum é a recusa da objetivação do conhecimento, da neutralidade do pesquisador na produção científica. Parcial, radical ou relativa, a recusa da posição de neutralidade significa a inserção do pesquisador como co-participante da investigação e implica considerar a ciência tal qual uma atividade social e seus resultados mais como co-criação do que como descoberta. Sob um referencial epistemológico qualitativo, a relação entre pesquisador e pesquisado é um aspecto constitutivo da pesquisa e não um elemento interveniente que deve ser controlado ou objetivamente definido. O conhecimento se desenvolve no contexto de um relacionamento e a pesquisa deve considerar a totalidade do processo de investigação, o relacionamento pesquisador e pesquisado, bem como os procedimentos formais.

Se partirmos do pressuposto de que cada pessoa e cada grupo de pessoas cria e/ou constrói seu próprio significado, cada pesquisador construirá uma definição singular de metodologia qualitativa. Logo, diferentes termos têm sido empregados para descrever metodologias que enfatizam seu caráter sócio-histórico e subjetivo e recusam o valor heurístico atribuído aos princípios metodológicos na epistemologia neopositivista. Paradigma emergente, novo paradigma e paradigma pós-moderno são freqüentemente empregados em referência ao conjunto de metodologias qualitativas. Contudo, considerando o desgaste e o *status* problemático do termo "paradigma" (Carone, 2003), parece-me mais adequado empregar um termo que ressalte a dimensão filosófica comum às várias metodologias qualitativas e preserve as diferenças entre elas. No âmbito do debate brasileiro, especialmente nas pesquisas sobre as relações interpessoais (Rey, 2005; Turato, 2003), o termo "epistemologia qualitativa" tem se fortalecido como fio condutor para delimitar um vasto campo de saberes que se agregam e articulam.

No sentido em que é empregada neste texto, epistemologia qualitativa designa um conjunto amplo de formas de gerar conhecimento que privilegia a dimensão subjetiva, singular, sócio-histórica da experiência humana. O termo permite agrupar um vasto número de pensadores, reúne idéias muito distintas e evidencia as raízes filosóficas comuns que se contrapõem ao pensamento positivista. A reunião de pesquisadores advindos de distintas áreas de conhecimento, que têm como referência diferentes teorias e empregam recursos quantitativos ou qualitativos, se justifica, assim, menos pela adesão a teorias ou métodos específicos e mais por uma crítica radical aos princípios do positivismo.

Essas diversas formas de gerar conhecimento se distinguem em duas dimensões básicas: metodologia e método. O termo "metodologia" refere-se ao aspecto conceitual, às características teóricas dos processos de gerar conhecimento, enquanto o termo "método" descreve a dimensão pragmática desses processos. Sob um referencial epistemológico qualitativo, a metodologia assume uma relevância central na medida em que o **como** é entendido enquanto uma das maneiras de explicar o **quê**, com tema e metodologia constituindo pólos indissociáveis da realização das premissas do pesquisador. As estratégias de pesquisa, os métodos, perdem seu *status* de garantia na busca da verdade e passam a ser compreendidos como escolhas dos pesquisadores que denotam o significado impresso ao seu tema de pesquisa.

Definições singulares de metodologias qualitativas – tais como complexidade, construtivismo e socionomia –, que empregam variados métodos de investigação (entrevistas, dramatizações, observações), podem ser compreendidas como vertentes de um mesmo movimento: epistemologia qualitativa. Diferentemente do que propõe a epistemologia positivista, na qual o método científico por excelência era o experimental, a epistemologia qualitativa entende que o melhor método, o mais científico, o mais adequado para gerar conhecimento é aquele que atende às características próprias dos participantes de cada pesquisa. A teoria de eleição do pesquisador lança as bases para suas escolhas metodológicas e as especificidades das pessoas pesquisadas modelam os métodos, de modo que o resultado é mais a ampliação e modificação de uma teoria do que sua confirmação. Sob o referencial epistemológico qualitativo, pretende-se menos reunir evidências em favor de um ou outro discurso, de uma ou outra teoria, e mais incrementar a troca entre os discursos que adotam premissas teóricas distintas, mas compartilham de princípios filosóficos comuns.

Em suma, abrindo mão de simplificações que descaracterizariam o debate pós-moderno em suas premissas fundamentais de aceitação da diversidade e evitando o risco de aderir a referenciais teóricos por conveniência momentânea, entendo que conhecer e empregar a epistemologia qualitativa permite a nós, profissionais das ciências humanas e da saúde, integrar o debate científico sem abrir mão de nossa espontaneidade/criatividade. Com base em premissas claras e suficientemente abertas para promover uma crítica responsável às limitações e aos enganos do modelo positivista, podemos gerar e disseminar uma produção científica consistente e socialmente relevante sem, contudo, abrir mão de referenciais teóricos significativos para nossa experiência. Buscam-se a interdisciplinaridade e a transdisciplinaridade e não a hegemonia de uma ou outra teoria ou método.

Em um estudo sobre casais, por exemplo, posso empregar referências de historiadores e antropólogos ou de filósofos ou artistas sem necessariamente aderir às diferenças entre esses modos de definir e pesquisar as relações conjugais ou desconsiderá-las. A qualidade do conhecimento produzido no âmbito de meu estudo – ou no de outros – deve-se menos à obediência aos ditames das metodologias e mais à adequação dos métodos para compreender diferentes aspectos do fenômeno.

EPISTEMOLOGIA QUALITATIVA E PSICODRAMA

O CONVITE à pesquisa é, então, uma versão científica do *Convite ao encontro* – poema em que Moreno apresenta seus princípios filosóficos. Entendo que, se considerarmos a pesquisa científica, especialmente no âmbito das ciências humanas e da saúde, como uma atividade humana dinâmica e instável, podemo-nos colocar como cientistas, pesquisadores, sem abrir mão de nossos papéis profissionais. Podemos ser nós mesmos, psicodramatistas, em toda nossa complexidade, e nos aproximar de nossos colaboradores, as pessoas com quem pretendemos compreender um fenômeno, sem também suprimir sua complexidade. A epistemologia qualitativa nos permite adotar um conjunto articulado de princípios de pesquisa simultaneamente rigoroso e flexível, que nos liberta das amarras dos princípios conservados em relação à pesquisa científica derivados do positivismo. Permite-nos também encontrar, em diversas posições teóricas e em variadas áreas do conhecimento, interlocutores para nossas questões acerca da vida humana e do sofrimento.

O diálogo entre disciplinas que compartilham os princípios da epistemologia qualitativa pode ser entendido de diversas maneiras. Uma delas é considerá-lo como uma novidade. Outra é considerar a pesquisa qualitativa como um método empregado há muito tempo por pesquisadores clínicos e clínicos pesquisadores para descrever e explicar processos e resultados singulares. Uma modalidade de pesquisa qualitativa, o estudo de caso – a descrição detalhada de uma situação específica e das conquistas e agruras de pesquisadores e/ou profissionais para compreender e intervir – é seguramente um tipo de pesquisa bem conhecido nas disciplinas humanas e da saúde. A novidade é menos a maneira de pesquisar e mais o *status* a ela agregado. À medida que se modificam os padrões de definição do que é científico, muito do saber considerado não científico sob o referencial epistemológico positivista pode ser resgatado. A teoria moreniana é um exemplo de conhecimento gerado por pesquisas qualitativas que, ao ser considerada uma metodologia no âmbito da epistemologia qualitativa, pode ser integrada ao debate científico em sua originalidade e complexidade.

Moreno sempre considerou o psicodrama e os demais métodos e conceitos que criou como um conhecimento sistemático e socialmente relevante – uma ciência. Em texto originalmente publicado em 1924, Moreno diferencia sua proposta científica daquela da ciência tradicional (positivista e neopositivista), quando afirma ter desenvolvido hipóteses e métodos de testagem para medir a espontaneidade, com a ressalva de que considerava a investigação quantitativa "como um passo suplementar e preliminar a um teatro de espontaneidade que abrisse as portas ao adorador do gênio criativo e imediato" (Moreno, 1924, in: Cukier, 2002, p. 50).

A adesão de Moreno aos preceitos das epistemologias dominantes foi sempre parcial e problemática. Por um lado, as críticas amplas e freqüentes a várias escolas filosóficas européias e a admiração pelo empirismo norte-americano o distanciavam das tradições das ciências humanas e sociais. Por outro, as inovações nas formas de realização e registro de intervenções – Moreno é pioneiro no uso de transcrições integrais – distanciavam-no de métodos clássicos nas ciências humanas e sociais. Por outro ainda, a natureza interpretativa e a superficialidade estatística dos chamados testes o inseriam muito precariamente entre positivistas e neopositivistas. Esses elementos, apressadamente atribuídos a déficits na formação acadêmica (que a biografia moreniana não aponta), são indícios seguros de sua busca de uma maneira original de compreender, descrever e intervir com pessoas e grupos. Influenciado pelos movimentos culturais europeus e admirador das possibilidades de inovação da cultura norte-americana, Moreno considerava seu trabalho uma ponte entre os saberes da tradição européia (religiões e filosofia) e o pragmatismo do Novo Mundo, uma possibilidade de superar o dogmatismo responsável pelas crises culturais e sociais na Europa do século XX.

Para alegria de muitos e desespero de alguns – especialmente daqueles que, como eu, foram educados dentro de princípios neopositivistas sólidos –, Moreno legou uma forma de ciência em que o **como** determina o **quê**, ou seja, na qual o método de investigação gera a teoria e não apenas a coloca em teste. Não é por acaso que sua obra é reconhecida por seu método mais original de investigação, o psicodrama. Assim como outras formas de investigação psicológica criadas no século XX, a exemplo da psicanálise ou da Gestalt-terapia, o psicodrama é uma metodologia original de pesquisa qualitativa da subjetividade, que valoriza muito mais a metodologia do que a teoria – no sentido em que o termo se popularizou no esteio do positivismo.

Mesmo empregando métodos diferentes e ancorados em perspectivas filosóficas distintas e muitas vezes opostas, as psicoterapias podem ser consideradas em conjunto como métodos de investigação do ser humano que privilegiam a dimensão pessoal e única pela qual determinados grupos – mais freqüentemente, duplas – de pessoas se descrevem e se transformam mutuamente, ou seja, como uma modalidade de pesquisa qualitativa (Brito, 2002). Assim, não é de admirar que as hostes positivistas tenham desde sempre questionado sua eficácia e demonstrado tanto apreço pelas correntes mais aparentemente afeitas a seus ditames, e que as "terapias cognitivo-comportamentais" desfrutem de uma aura maior de cientificidade que as outras abordagens. E é bastante compreensível que as mais claramente avessas aos ideais de previsibilidade e controle, como o psicodrama, sejam consideradas, na melhor das hipóteses, menos científicas.

Portanto, a originalidade da proposta metodológica de J. L. Moreno foi seguidamente eclipsada por tentativas mais ou menos bem-sucedidas de torná-la mais positivista para dar-lhe o *status* de científica ou relegá-la a um esforço artístico ou religioso mal realizado. Em ambos os casos, perde-se mais do que se ganha de uma ciência que, como sonhou Moreno, está mais interessada em gerar perguntas do que em dar respostas.

No primeiro caso, as tentativas de adequação aos preceitos positivistas valorizaram, alternadamente, a sociometria e a matriz de identidade. A presença das medidas, dos números, acenava com uma possibilidade – sempre muito frágil, na opinião dos conhecedores de estatística – de descrição quantitativa; havia, afinal, um esboço de fórmulas matemáticas que muitos consideravam instrumentos capazes de prever e controlar os processos grupais. Boa parte do mau uso que gerou o desencanto com o teste sociométrico deriva de tais tentativas (Monteiro, 2002), e o desprestígio atual da sociometria dentro e fora do movimento psicodramático é evidência dos enganos dessa concepção.

Um vislumbre de teoria do desenvolvimento, apresentada timidamente por Moreno em um conceito acessório – matriz de identidade –, também inspirou tentativas de composição de um raciocínio clínico um pouco mais dedutivo do que os oferecidos por conceitos tão abertos como papel, espontaneidade e tele. Ainda que não atendam aos princípios positivistas estritos, as teorias alicerçadas na matriz de identidade, com sua profusão de fases e estágios, oferecem uma aproximação com as correntes estruturalistas e podem, assim, desfrutar do prestígio de outras abordagens teóricas sem abrir mão de recursos técnicos que superam alguns de seus métodos. É possível diagnosticar as falhas no desenvolvimento da subjetividade e corrigi-las por meio de métodos mais eficazes, ou seja, transcender os limites da ação, considerados estreitos por muitos, na promoção de um conceito de saúde mental universal e atemporal.

Por outro lado, as tentativas de tornar o psicodrama uma forma de religiosidade científica, um discurso material sobre o mundo espiritual, pecam por contradições de base que apenas os de muita fé conseguem ignorar. O Deus moreniano – do mandamento paradoxal: sê espontâneo! – é bem pouco parecido com Aquele dos Dez Mandamentos da tradição judaico-cristã. A admiração de Moreno por líderes religiosos, incluindo Jesus e Buda, expressa em vários de seus escritos, é para o leitor medianamente atento muito mais expressão de suas críticas à falta de engajamento de filósofos e cientistas do que adesão a uma ou outra tradição religiosa. Como muitos outros cientistas interessados em movimentos de massa, Moreno também admirava a capacidade de persuasão dos líderes religiosos; mas até onde sabemos não defendia ou adotou qualquer religião. Pelo contrário, trilhou os caminhos da ação comunitária e desempenhou seu trabalho como médico, psicoterapeuta e cientista com vigor missionário e independência política. Pelo que consta, era Deus para si mesmo e nos convocou a fazer o mesmo.

Crítico feroz do teatro burguês, Moreno integrou com seu trabalho como diretor teatral o amplo movimento cultural e artístico europeu do início do século XX, que lançou as bases para a arte contemporânea (Contro, 2004). Como manifestação artística, o teatro espontâneo e suas variações sem dúvida têm um diálogo com outras formas de teatro de improviso e tais aproximações mostram-se no geral produtivas, com benefícios importantes sobre nossa atuação como diretores e egos-auxiliares.

No entanto, cabe ressaltar que, por empregar alguns de seus recursos, dialogamos com a arte, mas não fazemos arte no sentido estrito. Nossa intencionalidade difere e ultrapassa aquela das formas mais engajadas de manifestação artística, que, por mais que pretendam modificar as pessoas, não se pretendem instrumentos para promover a cura. Nosso diálogo com as artes cênicas é similar ao da psicologia analítica com as artes plásticas: em ambos os casos, lançamos mão de técnicas artísticas para um objetivo que pode até ser artístico, contudo é fundamentalmente terapêutico, um tratamento. Não nos interessa tanto encontrar formas mais belas de mostrar a dor de pessoas ou grupos, e sim permitir que elas as superem. Seja no contexto psicoterápico seja no educativo – diferenciação que tem contornos mais ou menos nítidos em grupos distintos –, um psicodramatista emprega recursos teatrais para promover algum objetivo previamente acordado com as pessoas envolvidas, abandonando, assim, um dos princípios fundamentais da produção artística: ser um fim em si mesma. Na encenação psicodramática, a estética é indissociável da ética. O desempenho de papéis psicodramáticos visa a promover a ação espontânea, e a liberdade de criação de psicodramatistas restringe-se a esse horizonte compartilhado. Desse modo, os limites à experiência estética são necessariamente mais estreitos do que aqueles da arte propriamente dita.

Em suma, o psicodrama e a socionomia não podem ser considerados ciência, no sentido positivista ou neopositivista, tampouco religião ou arte. Tornar-se psicodramatista, conforme nos advertiu Moreno, é assumir uma posição distinta e, muitas vezes, contrária a esses discursos tão caros à cultura ocidental – e isso nos colocará mais freqüentemente em confronto com a surpresa do que nos acenará com o conforto de seguir as tradições.

Moreno nos legou uma teoria que de fato valoriza o **como**, ou seja, a dimensão particular e complexa que o fenômeno assume a cada momento dado, e coloca o **quê**, a descrição detalhada e racional de conceitos explicativos simples e generalizáveis, em segundo plano e a serviço do primeiro. No que diz respeito aos antecedentes e às conseqüências possíveis, ou seja, proposições teóricas testáveis, os **porquês**, diz pouco ou nada.

Aqui residem a beleza e a originalidade que simultaneamente encantam e desestimulam. Moreno é um cientista que nos conclama a uma forma mais engajada, alegre e flexível de conhecer a dor humana, uma forma eminentemente relacional, qualitativa. Nosso conhecimento teórico limita-se a um conjunto de conceitos suficientemente flexíveis para nos permitir ingressar no mundo fenomenológico de pessoas e grupos. Psicodramatistas realizam encenações dramáticas a fim de conhecer e tratar a dimensão subjetiva, psicológica, das pessoas com as próprias pessoas. É lá, no espaço especialmente desenhado pelos protagonistas – e se formos suficientemente ativos e habilidosos para transitar por ele –, que poderemos gerar as condições para que as perguntas que nos afligem possam ser feitas e respondidas com o máximo de liberdade.

Como é de esperar em epistemologia qualitativa, nossa metodologia nos permite realizar aproximações interdisciplinares e transcender as limitações de um modelo de ciência pautado no reducionismo, que opõe as formas de conhecer para melhor usufruir da hegemonia conquistada. Religião, ciência e arte têm para nós valores diferenciados, mas não hierarquizados. O conhecimento que advém de nossa metodologia atende a situações específicas e pouco acrescenta às metanarrativas, aos grandes corpos teóricos, que pretendem definir o ser humano. Porque consideramos o ser humano espontâneo e criativo desde o nascimento e entendemos sua interação com o mundo como dinâmica e necessariamente inter-relacional, nosso conhecimento é fundamentado pela espontaneidade e criatividade, adquirindo significado e sentido no interior de uma relação pautada por princípios que mantêm as distinções entre pesquisador e pesquisado sem considerar o primeiro como superior em conhecimento.

Pesquisadores sabem como conhecer, dominam os métodos; pesquisados conhecem o que pode ser conhecido em sua experiência; e a atuação conjunta gera um saber específico que beneficia a ambos. Se esse saber é registrado e pode ser publicamente compartilhado, é possível gerar interações com outras pessoas ou grupos que têm muito interesse em conhecer e divulgar conhecimentos e modos de conhecer: cientistas.

Como outros profissionais, posso observar, escutar e ler para saber bastante acerca dos seres humanos, analisar de que forma se mostram sob as lentes de teorias diferentes. Como cientista qualitativista, posso empregar os mesmos recursos para aprender muito sobre os processos de sofrimento psicológico de indivíduos e grupos e sobre a história de sofrimento das pessoas com quem trabalho. Entretanto, como psicodramatista, posso integrar essas atividades em um conjunto harmônico. Emprego a sociometria para descobrir o modo singular como cada pessoa ou grupo vê a si mesmo, compreendo como agem empregando métodos sociodinâmicos e, simultaneamente, posso fazer sociatria, criando situações novas, psicodramas e sociodramas a fim de superar os impasses que geram sofrimento.

Quando empregam a teoria moreniana em seu conjunto, psicodramatistas são sempre pesquisadores qualitativos, estão sempre fazendo perguntas e encontrando meios para respondê-las, em colaboração com grupos e protagonistas. Se um psicodramatista compartilha esse processo seguindo um modelo de narrativa padronizado pelo conjunto de pesquisadores interessados nos mesmos temas e emprega os conhecimentos compartilhados por outros membros desse grupo como referência para suas ações, ele é um cientista.

Para sermos cientistas, pesquisadores, não precisamos deixar de ser psicodramatistas, de nos interessar por temas complexos e empregar recursos pouco controláveis; porém, é necessário escolher como queremos ser cientistas, que modelo de ciência pretendemos seguir e divulgar. A teoria moreniana é uma metodologia qualitativa capaz de oferecer múltiplos recursos para a pesquisa com pessoas e grupos, desde que reconheçamos sua posição de crítica radical aos modelos positivistas de ciência e a compreendamos em consonância com seus pressupostos filosóficos, como uma área de conhecimento que tem como referência a epistemologia qualitativa.

METODOLOGIA PSICODRAMÁTICA NA PESQUISA QUALITATIVA

COMO COMENTEI anteriormente, as psicoterapias contribuíram significativamente para o desenvolvimento de métodos qualitativos, e muitos de seus conceitos e métodos têm sido empregados pelas ciências humanas a fim de descrever e compreender os seres humanos em vários contextos. A proposta do psicodrama é original porque seu corpo conceitual é suficientemente flexível para acolher níveis diversos de descrição. A maioria dos métodos emprega exclusivamente recursos da linguagem verbal e precisa "traduzir" em palavras, interpretar sentidos e significados expressos em outros modos de comunicar. Focalizando a ação em sentido amplo, Moreno nos legou uma metodologia que permite transitar entre os números, as palavras, os silêncios e os movimentos, sem ignorar as posições estáticas e as expressões gráficas. Podemos fazer pesquisa empregando todas as possibilidades de interação humana, inclusive as imaginárias.

Métodos clássicos de pesquisa qualitativa como a entrevista aberta e a observação participante são bastante ricos e permitem níveis de interação mais significativos entre pesquisadores e pesquisados do que testes padronizados e observações sistemáticas. Contudo, alicerçados em conceitos que seguem os princípios da lógica formal, dificilmente permitem registros de dimensões diferentes ou mesmo contrárias na mesma interação. Assim, um dos níveis de comunicação é considerado verdadeiro em oposição ao outro, que seria o falso. Em uma entrevista aberta, por exemplo, ouço a entrevistada dizer que aprecia determinada pessoa, enquanto observo que faz uma expressão de enfado. Posso interpretar que um dos níveis é mais verdadeiro que o outro e concluir que, apesar de dizer apreciar tal indivíduo, isso não é verdade. E prosseguir inquirindo em busca dessa verdade que se oculta. Mas a tarefa não é simples e cabe considerar inclusive que a expressão de enfado pode se dirigir a mim e não à pessoa sobre quem a entrevistada fala... Por outro lado, se a convido a expressar o que sente sobre uma pessoa com uma expressão do corpo, posso registrar essa expressão, fazendo um espelho[1] ou tirando uma foto,

---

[1] Técnica clássica do psicodrama.

e ampliar as possibilidades para verdades múltiplas, para um discurso mais amplo do que aquele que segue os princípios da não-contradição.

Se nos propusermos a investigar a subjetividade, mais freqüentemente encontraremos superposições e simultaneidades de pensamentos, sentimentos e ações do que linearidade e seqüências ordenadas como na linguagem verbal. Alguém que me observe neste momento verá que digito no teclado ao mesmo tempo que leio na tela (ações simultâneas), mas não saberá que penso no que vou escrever ao mesmo tempo que sinto meu pé formigar, vejo o relógio no canto da tela e penso que é hora de encerrar por hoje e também ouço a batida na porta e conjeturo se é na minha ou na do vizinho...

Pesquisas sob um referencial epistemológico qualitativo pretendem superar os entraves que justificaram o abandono da pesquisa sobre a subjetividade – entraves derivados da suspeição em torno de métodos introspectivos. Na tentativa de objetivar a subjetividade, investigações de cunho neopositivista deixaram de lado a complexidade de nossa experiência e tornaram os métodos, ou melhor, o controle sobre os métodos de coleta e análise, mais importantes do que o desvelamento da singularidade das pessoas. A pesquisa qualitativa recoloca a questão da subjetividade em seus próprios termos, como fenômeno irredutível, dinâmico e socialmente construído e, conforme afirma Rey (2005, p. 48): "Os instrumentos de pesquisa deixam de ser fornecedores de resultados e tornam-se apenas indutores que facilitam a expressão dos sujeitos estudados".

Em uma perspectiva qualitativa, os métodos, os instrumentos perdem seu valor como garantias da verdade, da pureza e isenção da coleta e análise, para assumir uma tarefa distinta e muito mais complexa: estimular a pessoa a expressar-se o mais verdadeiramente, isto é, da maneira mais completa possível. Esse desafio não está isento de entraves, mas é fato que a busca de métodos, meios e recursos de coleta e registro qualitativos anima grande parte das discussões sobre os limites e as possibilidades da pesquisa qualitativa (Denzin e Lincoln, 2003).

A riqueza de métodos, instrumentos e técnicas da metodologia psicodramática nos permite contribuir significativamente para esse debate. E, retomando o diálogo que estabeleci no início do capítulo com Ana, diria a esta altura, parafraseando o *slogan* norte-americano: Não se pergunte o que a pesquisa científica pode fazer para torná-la melhor psicodramatista; pergunte como psicodramatistas podem melhorar a pesquisa científica.

Até aqui argumentei que a pesquisa científica assume, sob um referencial epistemológico qualitativo, contornos muito distintos daqueles que nos acostumamos a considerar únicos. Além disso, sublinhei de que forma a concepção de um único tipo de ciência válida ou mais correta é perniciosa para as áreas de conhecimento que se dedicam a promover o crescimento e o bem-estar das pessoas. Completei assinalando como as psicoterapias em geral e o psicodrama em particular se inserem no contexto desse movimento em busca de um saber científico que preserve a especificidade da experiência subjetiva em sua singularidade. Defendi que há lugar para nós, para nossa forma de conceber e pesquisar o ser humano, no âmbito de uma epistemologia qualitativa. Argumentei em favor de nossa riqueza e da originalidade do psicodrama como metodologia de intervenção e pesquisa para concluir, concordando em parte com Ana: de fato, não precisamos fazer pesquisa para nos tornar psicodramatistas ou mesmo para provar que o psicodrama é uma metodologia válida, enfim, não precisamos produzir ciência.

Como psicodramatistas, estamos continuamente empregando nossos recursos metodológicos na interação com pessoas e grupos; na busca de novas respostas para antigas questões e de novas questões para situações novas, produzimos conhecimento relevante para nós e para as pessoas que atuam diretamente conosco. Entretanto, cabe perguntar se a pesquisa científica não precisa de nós. Teremos recursos que podem ser empregados para gerar e disseminar conhecimentos sobre os modos singulares de existência das pessoas e dos grupos?

Pois é, Ana, seu trabalho lá com as pessoas que realmente importam para você pode ser importante para pessoas como eu, que se dedicam também ao ensino e à pesquisa. Se escrever e publicar seu trabalho pode ter pouco ou nenhum efeito prático sobre sua experiência como psicodramatista, esta pode ser fundamental para criar as condições necessárias a uma ciência menos asséptica e mais humana, que atue mais diretamente nos processos de crescimento e bem-estar das pessoas e menos a serviço da padronização de modos de existir que atendam aos ditames hegemônicos.

Ao contrário do que pensam Ana e muitos outros colegas, a exigência da produção de um trabalho científico pode deixar de ser uma maneira indireta de controlar ou aferir o que os não-acadêmicos estão fazendo ou pensando e tornar-se uma oportunidade para uma relação de mutualidade. Meu convite à pesquisa é um convite ao encontro em seu sentido mais amplo, é um convite a uma relação de mão dupla. Se a pesquisa científica, especialmente sob um referencial epistemológico qualitativo, tem a contribuir para o psicodrama, ampliando nossas possibilidades de diálogo com outros profissionais que atuam no contexto acadêmico, enriquecendo nossa atuação cotidiana, o psicodrama, sobretudo se mantém sua originalidade teórico-metodológica, tem a contribuir para a ciência, ampliando nossas possibilidades de diálogo com os profissionais que não atuam no contexto acadêmico.

POSSIBILIDADES DE INVESTIGAÇÃO QUALITATIVA COM MÉTODOS PSICODRAMÁTICOS

MUITO EMBORA sejam os mais conhecidos e praticados, os métodos verbais de investigação qualitativa não são os únicos. A análise de manifestações artísticas, desenhos, esculturas é, por exemplo, um método de pesquisa comum tanto na antropologia quanto nas intervenções psicoterápicas. A dimensão não-verbal da experiência também é investigada por observações de vários matizes; silêncios, interrupções e outros entraves à comunicação oral constituem elementos centrais de várias modalidades de análise de interações verbais. Assim, o emprego de métodos de ação, incluindo recursos psicodramáticos, não seria uma alternativa diferente em termos estritamente técnicos, um avanço ou ampliação em relação ao escopo de investigação das técnicas verbais pela inclusão da dimensão não-verbal. Nossa contribuição não é suplantar as entrevistas ou observações no que diz respeito a seus resultados possíveis, mas enriquecê-las com novas possibilidades de interação entre pesquisador e participante.

Aqui cabe retomar a citação em que Moreno (apud Cukier, 2002, p. 50) sintetiza os propósitos da investigação científica psicodramática:

> [...] Criado que fui em um ambiente científico, comecei a desenvolver hipóteses, procedimentos através dos quais testá-las, e testes com os quais mensurar a espontaneidade. Tudo isso foi realizado não como uma ciência em seu próprio benefício, mas como um passo suplementar e preliminar a um teatro de espontaneidade que abrisse as portas ao adorador do gênio criativo e imediato.

Neste trecho, nota-se que Moreno entendia seu trabalho, mesmo antes de mudar-se para os Estados Unidos, como pesquisa, uma pesquisa visceralmente articulada a uma prática. No âmbito do pensamento científico hegemônico, de matriz neopositivista, a distinção clara entre pesquisa e aplicação é considerada imprescindível e, freqüentemente, implica uma valoração distinta. A pesquisa, preferencialmente experimental, seria uma atividade pura e asséptica, superior à aplicação – por sua vez, uma atividade científica de segunda classe, sujeita à contaminação pela presença de variáveis intervenientes que comprometeriam a investigação da "verdadeira natureza" do objeto investigado.

Em termos epistemológicos qualitativos, porém, a distinção entre pesquisa e aplicação, embora seja por vezes necessária, não implica hierarquização. Aplicação e pesquisa são dimensões diferentes da relação entre profissionais e clientela; na primeira, o foco principal está nas questões propostas pelo pesquisador e, na segunda, naquelas propostas pelos participantes (Brito e Monteiro, 1999). Entendida como atividade social, a pesquisa nunca é neutra, na medida em que a busca de conhecimento não é perfeitamente distinguível da intervenção, das intenções de mudança. Assim, os métodos de pesquisa não teriam uma distinção de controle em relação aos métodos de intervenção, mas uma distinção de objetivos. A escolha de um ou outro recurso de investigação serve aos propósitos dos envolvidos e não aos ideais de uma ciência neutra.

Na ausência de uma garantia externa, os critérios do pesquisador assumem uma importância fundamental para determinar a adequação de um ou outro método de pesquisa. Conhecida como reflexividade, a explicitação das intenções, características pessoais, história e projetos existenciais dos pesquisadores constituem-se em elementos centrais para as escolhas metodológicas nas pesquisas qualitativas. Em vez de buscar uma neutralidade artificial, uma objetivação da subjetividade intrínseca aos fenômenos humanos, pesquisadores qualitativos buscam explicitar sua subjetividade sem, contudo, subverter os objetivos de geração e disseminação de conhecimento inerentes à pesquisa científica.

Antecipando o debate epistemológico contemporâneo sobre a reflexividade na pesquisa qualitativa, em texto de 1934 (*apud* Fox, 2002), Moreno advertia:

> Se considerarmos o investigador que aplica questionários como a situação de máxima objetividade formal, aquele consegue identificar-se com cada

indivíduo que integra a situação investigada com o máximo de subjetividade. Um profissional que atua dessa maneira consegue excelentes efeitos terapêuticos, mas o método não avança, no sentido da pretensa objetividade do próprio investigador.

O passo além é o método psicodramático, uma situação que proporciona um *setting* que é, ao mesmo tempo, experimental e terapêutico. Nele, o diretor de teatro está presente, mas fora da situação exploratória em si (Fox, 2002, p. 178).

A contribuição do psicodrama em termos metodológicos, portanto, decorre menos da originalidade de seus métodos de coleta ou análise de dados em comparação com outros métodos e mais da posição do pesquisador em relação ao pesquisado. Os instrumentos do psicodrama (palco, diretor, ego-auxiliar, protagonista e platéia), a diferenciação de contextos e as fases de aquecimento, dramatização e compartilhamento permitem que o pesquisador seja dinâmico em sua interação com a pessoa ou o grupo pesquisado e ofereça múltiplas possibilidades de expressão simultânea.

Retomando minha experiência de escrever este texto, por exemplo, um psicodramatista pode me permitir expressar meus sentimentos entrevistando-me no papel de escritora; observando-me escrever e solicitando que eu simultaneamente diga como me sinto (solilóquio); ocupando meu lugar no papel de escritora e me permitindo expressar meus sentimentos vendo-me escrever, e até me convidando a assumir o lugar de computador e expressar como imagino que me sentiria sendo o objeto no qual escrevo. As possibilidades de interatuação ampliam-se a ponto de permitir que, atuando como ego-auxiliar, o pesquisador seja o pesquisado, conheça "de dentro" a experiência que está pesquisando sem, todavia, abandonar sua posição diferenciada.

Ancorados em pressupostos de interação que permitem transitar por aspectos concretos e imaginários, psicodramatistas-pesquisadores ou pesquisadores que empregam recursos psicodramáticos podem acessar múltiplos níveis da experiência intra e inter-pessoal. A inserção simultânea em espaços existenciais distintos e com amplitude de ação diferenciada cria uma situação complexa, mas nem por isso confusa, e possibilita o acesso a uma vasta gama de expressões. Protegidos por acordos claros em relação à liberdade de ação e por uma gradação nos limites dessa liberdade, participantes podem escolher como expressar sua subjetividade e modular os níveis em que se sentem seguros ou confortáveis para desvelar suas experiências inter e intra-subjetivas.

No decurso de uma entrevista aberta, posso me dispor inteiramente para criar um diálogo profundo, contudo a pessoa entrevistada pode não saber como se expressar nesse sentido. Em uma sessão psicodramática de pesquisa, ofereço ao entrevistado diferentes contextos, promovo um envolvimento crescente e me coloco em papéis diversos a fim de facilitar que o participante se expresse de seu próprio modo, com seus próprios recursos.

Por exemplo, a maioria das participantes (são na quase totalidade mulheres) de minhas pesquisas na universidade é de moradoras da periferia, tem baixo nível de instrução e, sobretudo, sente-se intimidada em falar com figuras de autoridade. Quando me coloco à disposição para ouvi-las, mostram que essa experiência é nova e, depois de uma hesitação inicial, demonstram prazer em estar com alguém tão interessado no que têm a dizer. Todavia, não sendo esse seu modo de expressão mais habitual, e sim o meu, nossa interação se empobrece. Por outro lado, quando criamos cenas no espaço dramático, suas ações mostram sentimentos e intensidades que as conversas pouco indicavam. Ao desempenharem seus papéis, posso sentir o peso de suas histórias de uma maneira que a narração nunca seria capaz de expressar.

Uma relação pautada por técnicas de aquecimento no contexto grupal tem limites e possibilidades bem distintos daquela pautada em desempenho de papéis no contexto dramático – ainda que se desenrolem sobre o mesmo tema. Recursos psicodramáticos nos permitem desenhar uma metodologia única para cada participante, tornando cada experiência de pesquisa um momento de co-criação. A coleta de dados se desenrola como uma ação conjunta, promovendo a espontaneidade e a criatividade dos envolvidos, dentro de um acordo constantemente negociado sobre as formas de expressão do pesquisado e do pesquisador.

NÍVEIS DE COMPLEXIDADE NA IMPLEMENTAÇÃO DA METODOLOGIA PSICODRAMÁTICA

A COMPLEXIDADE da metodologia de pesquisa psicodramática demanda um treino específico que talvez só possa ser obtido no âmbito dos cursos de formação. Entretanto, as possibilidades contempladas por nossa metodologia podem ser acessadas em diferentes níveis e beneficiar pesquisas em diversas áreas. Pesquisadores interessados em investigar fenômenos subjetivos podem empregar métodos e técnicas psicodramáticos, sem necessariamente tornar-se psicodramatistas, assim como psicodramatistas em diferentes fases de desenvolvimento desse papel podem realizar pesquisas focalizando métodos ou técnicas específicas no contexto da sessão psicodramática. Para nortear pesquisas delineadas nessa variedade de interesses e níveis de treinamento possíveis, apresento a seguir os principais passos de um projeto de pesquisa qualitativa e discuto as contribuições que a metodologia psicodramática pode oferecer em cada um deles.

O aspecto formal da apresentação de projetos e relatórios de pesquisa varia em função das normas específicas do grupo ou da instituição aos quais os pesquisadores estão ligados. Há diferenças significativas entre as exigências de um trabalho de pesquisa realizado como requisito para um programa universitário de graduação ou pós-graduação e as de uma especialização *lato senso* em entidades formadoras de psicoterapeutas, por exemplo. Guardadas essas diferenças, uma proposta de pesquisa científica precisa se desenrolar a partir de um projeto que compreende três fases: definição do tema, elaboração da pergunta e elaboração dos procedimentos de investigação.

O primeiro passo para a elaboração de um projeto de pesquisa é a **definição do tema**, a delimitação do campo de interesses do pesquisador. No caso específico dos projetos qualitativos, esse passo essencial demanda uma atitude reflexiva por parte do pesquisador, que deve questionar-se sobre as raízes subjetivas de seus interesses e explicitar ao máximo sua concepção de mundo e as circunstâncias concretas de sua experiência que ressaltaram a importância do tema escolhido. Com base em sua história e no significado que atribui ao conjunto de suas experiências, o pesquisador qualitativo dará sentido ao fenômeno que se propõe a estudar; e é aí, ao se incluir como ser ativo e único, que ele assumirá a autoria de sua pesquisa, assumirá no discurso a primeira pessoa do singular.

Nessa fase, a metodologia psicodramática pode ser uma das referências possíveis, uma das raízes desse interesse. Experiências como participante, condutor ou estudante da metodologia psicodramática podem servir de mote para a busca de uma maior compreensão sobre conceitos, métodos, técnicas ou mesmo resultados de intervenções. A metodologia psicodramática em si ou suas possibilidades de aplicação podem constituir-se em temas de pesquisa. Certamente há muito que compreender acerca de tele em diferentes grupos, de espontaneidade nas histórias de diversas pessoas em diferentes momentos de vida e contextos, bem como acerca de desempenho de papéis e tantos outros conceitos morenianos. Ademais, os processos envolvidos nas mudanças pretendidas ou obtidas na variedade de métodos psicodramáticos (aquecimento, jogo de papéis, teatro espontâneo etc.) ou de técnicas (solilóquio, duplo) geram questionamentos relevantes sobre as correlações entre seus efeitos e os aspectos envolvidos em sua escolha, execução.

Em trabalho apresentado como requisito parcial para obtenção do grau de psicóloga, uma de minhas alunas na universidade elegeu como tema de pesquisa o uso de máscaras como recurso de aquecimento (Ramos, 2004). A partir desse tema, delimitou seu campo de investigação na intersecção entre um recurso do teatro clássico e uma fase da sessão psicodramática. Conforme demonstra esse exemplo, ao contrário do que se poderia supor, a metodologia psicodramática pode constituir ela mesma um tema a ser investigado em termos qualitativos e não apenas um método de investigação.

Tomado como um conjunto de proposições, o tema de uma pesquisa qualitativa é muitas vezes amplo; portanto, a divisão em níveis de interesse é indispensável ao delineamento posterior da pesquisa e à definição de objetivos gerais e específicos. Por exemplo, se defino como meu tema de pesquisa a psicoterapia psicodramática, apontar meu interesse específico no atendimento de pessoas em depressão ou ao uso de técnicas de aquecimento permitirá que eu elabore uma pergunta, uma síntese dos interesses voltada para a relação com os outros.

Se a definição do tema é essencialmente uma inquietação pessoal, a pergunta deve incluir as possibilidades de articulação entre esse interesse e as condições concretas de investigação. É nesse momento que as pesquisas empíricas se diferenciam de outras modalidades de comunicação científica. Se a pergunta da pesquisa questiona diretamente o corpo teórico, ou seja, se o que interessa ao pesquisador é investigar linhas de pensamento, sua pesquisa será teórica, bibliográfica. Nessa modalidade de pesquisa, o material a ser pesquisado é um conjunto de textos; um exemplo recente é a dissertação de Anna Maria Knobel (2004), que busca entender a teoria moreniana com base em relatos de experiência publicados por Moreno.

Se ao interpelar a si mesmo sobre seus interesses o que se evidencia é o propósito de compartilhar uma experiência particularmente significativa, o trabalho a ser produzido, a exemplo do que fez Moreno nos textos selecionados por Anna Maria, é um relato de experiência, e não mais uma pesquisa. É importante diferenciar esses relatos, que têm um valor próprio e muitas vezes desempenham uma função importante nas relações com nossos colegas de uma pesquisa propriamente dita. Se tenho convicções sobre determinado tema, não há o que pesquisar em meu trabalho – baseado em textos ou em minha experiência pessoal –, embora possa existir muito a ser discutido.

Aqui cabe ressaltar que estudos de caso devem ser diferenciados de relatos de experiência. O estudo de caso é um método clássico na pesquisa clínica qualitativa, portanto não prescinde de questões: o pesquisador focaliza uma situação específica para questionar aspectos teóricos, metodológicos e avaliar resultados. No campo das disciplinas clínicas, o registro das consultas ou sessões em geral compõe o conjunto de dados que será o objeto da pesquisa. As questões costumam se referir à forma como determinados elementos ou processos se combinaram para gerar os resultados evidenciados. Por seu turno, um relato de experiência apenas documenta a condução de determinada situação. Neste caso, procuramos demonstrar ou ilustrar um conhecimento obtido, sem que haja uma interrogação, e sim um conjunto de fatos ou impressões considerado valoroso. O "caso Bárbara-George" (Moreno, 1947, *apud* Fox, 2002; 1997), por exemplo, é um relato de experiência, ao passo que o "protocolo de Adolf Hitler" (Moreno, 1975) é um estudo de caso. No primeiro, Moreno focaliza o relato em suas próprias ações, enquanto no segundo intercala as ações dos vários agentes terapêuticos e seu impacto sobre a experiência do paciente Karl.

Em termos simples, se já sei o que quero comunicar, não faço uma pesquisa, escrevo um ensaio teórico ou um relato de experiência. Só elaboro um projeto de pesquisa científica quando me deparo com uma ou várias questões sobre um tema. Se elas podem ser respondidas por trabalhos anteriores, então se trata de uma pesquisa bibliográfica. Se minhas inquietações demandam uma incursão sobre a vivência de pessoas concretas, meu trabalho será uma pesquisa de campo. Embora questione muitos dos pressupostos da ciência tradicional, a epistemologia qualitativa permanece como uma modalidade de conhecimento calcada na ruptura com o senso comum, como resposta provisória a questões que derivam de experiências subjetivas, mas são objetivamente formuladas.

Sob o referencial epistemológico qualitativo, a elaboração de **perguntas de pesquisa** não pretende cercar as possibilidades de compreensão do fenômeno com base em um número determinado de proposições: as hipóteses. Como pretende ampliar e aprofundar o escopo de possibilidades de compreensão e não apenas confirmar ou refutar conhecimentos ou previsões anteriores, a pergunta de pesquisa qualitativa formula-se em torno do **como** e não do **o quê** ou do **porquê**; a ênfase recai sobre as significações possíveis e não sobre as prováveis. Se pretendo investigar **se** determinada intervenção psicodramática modifica a experiência das pessoas, minha questão só pode ser respondida no que diz respeito à ocorrência, freqüência; minha pergunta, portanto, será mais bem respondida por métodos quantitativos.

A elaboração da pergunta já aponta para os princípios fundamentais do método a ser empregado. Se a escolha do tema vai direcionar o tipo de pesquisa, os termos da pergunta, por sua vez, serão os critérios para a escolha do método. Sob um referencial epistemológico qualitativo, o **o quê** e o **como** formam um todo articulado, na medida em que a própria maneira com que descrevo o fenômeno delimita minhas possibilidades de conhecê-lo.

O uso de terminologia moreniana, em termos de conceitos e métodos ou de técnicas em perguntas de pesquisa, é outra contribuição ao campo da pesquisa qualitativa. Por exemplo, se emprego o conceito de papéis para questionar as mudanças nas ações de uma categoria profissional (Brito e Sant'Ana, 2006), já lanço as bases de minha compreensão sobre essas ações como complementares a de outros atores e não como resultado exclusivo de processos intrapessoais. Nesse exemplo, o tema (Impacto da lei antimanicomial sobre a prática de psicólogos) não deriva da metodologia psicodramática, mas os termos segundo os quais a pergunta de pesquisa foi formulada (Como a lei antimanicomial afetou o papel de psicólogo nas instituições de saúde mental?) pressupõem uma concepção psicodramática do fenômeno.

Na terceira fase, dá-se a **elaboração dos procedimentos de investigação**. Esse é o momento mais tradicionalmente associado à metodologia psicodramática. Os métodos psicodramáticos (sociodramas, psicodramas, jogos dramáticos) são ricos em possibilidades de expressão que transcendem os limites da interação verbal. O uso de colagens, desenhos, pinturas, esculturas, encenações – também eles métodos de ação – é corrente em outras metodologias, por isso vale ressaltar que o emprego de métodos de ação por si só não determina se uma pesquisa está ou não ancorada na metodologia psicodramática. A simples utilização, por exemplo, de uma cena como método de pesquisa não qualifica uma investigação de psicodramática.

Quando um pesquisador qualitativo elege métodos de pesquisa empregando técnicas de ação, em geral o faz tendo em vista a complexidade do fenômeno que pretende investigar. Entretanto, a escolha de um procedimento psicodramático não se refere apenas ao fenômeno em si; ela inclui ainda as possibilidades de compreensão do pesquisador em relação aos dados colhidos. É possível escolher empregar como método de pesquisa um jogo dramático com máscaras e compreender as ações das pessoas sob diferentes matrizes teóricas – psicologia analítica, por exemplo.

A especificidade da metodologia psicodramática vai além da natureza ativa dos métodos, abrangendo também a perspectiva de tratamento dos dados coletados. O emprego do referencial teórico moreniano é uma dimensão crítica na escolha da metodologia psicodramática de pesquisa. Se empregar um método (sociodrama) ou uma técnica (espelho) como recursos de investigação sem, contudo, incluir papéis e tele como referências conceituais para analisar e/ou sintetizar os resultados, estarei realizando uma pesquisa qualitativa, mas não psicodramática. Se empregar a entrevista como método, sem métodos de ação, e compreender as interações verbais no que se refere a papéis e tele, aí sim estarei realizando pesquisa qualitativa psicodramática.

Como outras teorias psicológicas e sociais, a metodologia psicodramática oferece um variado elenco de métodos e técnicas de ação que podem ser empregados em pesquisas qualitativas com indivíduos e grupos. Esses métodos e técnicas podem incluir, complementar, transcender e até prescindir da interação verbal, porém não se opõem a ela. A escolha da metodologia psicodramática diz respeito a um modo específico de compreender-descrever os fenômenos humanos e não apenas de observá-los ou registrá-los. Partindo da premissa de um diálogo fecundo – característico da pesquisa qualitativa – entre as diferentes modalidades de conhecimento, podemos empregar métodos derivados de outras teorias e vice-versa. Nossa especificidade reside na concepção de ser humano que dá sentido e significado ao conjunto do que apreendemos como diretores e egos-auxiliares de participantes de pesquisa.

Em suma, na elaboração de um projeto de pesquisa qualitativa, a metodologia psicodramática pode dialogar com outras referências a fim de privilegiar a pesquisa da complexidade em substituição ao reducionismo típico da ciência positivista. A opção pela complexidade não implica confusão ou eliminação entre diferentes concepções teóricas; pelo contrário, pretende identificá-las em suas limitações e potencialidades. No diálogo que o psicodrama estabelece com outras metodologias qualitativas de pesquisa, mantemos nossa identidade em torno da especificidade de nossa concepção de ser humano como ser espontâneo-criativo.

A discussão acerca dos parâmetros de cientificidade no âmbito das ciências sociais traz um novo alento para disciplinas e teorias derivadas de investigações qualitativas. À medida que se multiplicam as críticas sobre o modelo tradicional, positivista, quantitativo, reducionista – e tantos outros adjetivos empregados para descrever as tentativas de objetivação do ser humano e de suas relações –, é possível vislumbrar uma concepção de ciência que considere relevantes esses conhecimentos e incentive profissionais a colocar sua prática sob escrutínio e discussão mais ampla.

A epistemologia qualitativa é um campo aberto no qual várias teorias sobre a subjetividade e as relações humanas podem dialogar com a produção científica acadêmica, com prováveis benefícios e enriquecimentos para ambas as partes. A compreensão de ciência nos termos da Epistemologia Qualitativa me permite ser psicoterapeuta, pesquisadora e professora, fazer e discutir ciência, sem renunciar ou mutilar a teoria que escolhi como referência primordial, o psicodrama. Espero que este texto possa incentivar outros colegas a trilhar esses caminhos.

REFERÊNCIAS BIBLIOGRÁFICAS

BRITO, V. C. A. *Nem crime, nem castigo*. Tese (Doutorado em Psicologia) – Universidade de Brasília, Brasília, Distrito Federal, 2002.

BRITO, V. C. A.; SANT'ANNA, T. C. "A lei antimanicomial e o trabalho de psicólogos em instituições de saúde mental". *Resumos do 16º Congresso Internacional de Psicoterapia de Grupo (IAGP)*, São Paulo, 2006.

BRITO, V. C. A.; MONTEIRO, A. M. "Psicodrama e pesquisa acadêmica; diálogo e ação para conquista do espaço universitário". *Linhas críticas*, Brasília, v. 4, n. 7-8, 1999.

CARONE, I. *A psicologia tem paradigma?* São Paulo: Casa do Psicólogo/Fapesp, 2003.

CONTRO, L. *Nos jardins do psicodrama*. Campinas: Alínea, 2004.

CUKIER, R. *Palavras de Jacob Levy Moreno: vocabulário de citações*. São Paulo: Ágora, 2002.

DENZIN, N.; LINCOLN, Y. (eds.). *Collecting and interpreting quali-*

tative materials. 2. ed. Thousand Oaks: Sage, 2003.
_____. *Handbook of qualitative research*. Thousand Oaks: Sage, 1994.
Fox, J. *O essencial de Moreno*. São Paulo: Ágora, 2002.
Haguette, Teresa Maria Frota. *Metodologias qualitativas na sociologia*. Petrópolis: Vozes, 1992.
Kahhale, E. M. P. (org.) *A diversidade da psicologia: uma construção teórica*. São Paulo: Cortez, 2002.
Knobel, A. M. *Moreno em ato*. São Paulo: Ágora, 2004.
Kude, V. M. M. "Como se faz análise de dados na pesquisa qualitativa em psicologia". *Psico*, v. 28, n. 2, p. 183-202, jul./dez. 1997.
Monteiro, A. M. *Sociometria diádica: considerações teórico-práticas*. Tese (Doutorado em Psicologia) – Universidade de Brasília, 2002.
Moreno, J. L. *Fundamentos do psicodrama*. São Paulo: Cultrix, 1975.
_____. *Psicodrama*. São Paulo: Cultrix, 1979.
_____. *Psicoterapia de grupo e psicodrama*. Campinas: Psy, 1997.
_____. *Who shall survive?* (Student edition). McLean: American Society of Group Psychotherapy and Psychodrama, 1993.
Morin, E. *Ciência com consciência*. Rio de Janeiro: Bertrand Brasil, 2002.
Neubern. "A subjetividade como noção fundamental do novo paradigma: breve ensaio". In: Rey, F. G. *Subjetividade, complexidade e pesquisa em psicologia*. São Paulo: Thomson, 2005.
Pereira, J. C. R. *Análise de dados qualitativos: estratégias metodológicas para ciências da saúde, humanas e sociais*. São Paulo: Edusp, 2001.
Potter, J. *An analysis of thinking and research about qualitative methods*. Nova Jersey: LEA, 1996.
Ramos, M. *Máscaras e psicodrama: aquecimento e protagonização nos jogos dramáticos*. Trabalho apresentado como requisito parcial para o grau de psicólogo, Universidade Católica de Brasília, out. 2004.

Rey, F. G. *Subjetividade, complexidade e pesquisa em psicologia.* São Paulo: Thomson, 2005.

Turato, E. "Métodos qualitativos e quantitativos na área de saúde: definições, diferenças e seus objetos de estudo". *Revista Saúde Pública*, 2005, v. 39, n. 3, p. 507-14.

_____. *Tratado da metodologia da pesquisa clínico-qualitativa.* Petrópolis: Vozes, 2003.

Psicodrama e investigação científica

DEVANIR MERENGUÉ

> *Como conhecer as coisas senão sendo-as?*
> Jorge de Lima, poeta

A ciência é sempre a ciência de um tempo e de um lugar, mas o tempo e as confirmações futuras podem garantir durabilidade às descobertas científicas. Nas ciências do homem, isso é por demais evidente: aquilo *comprovado* pela ciência pode não significar nada algum tempo depois, naquele mesmo lugar. Imagine para seres de outros lugares do planeta. A superação constante daquilo que é datado, prescrito, limitado deveria ser meta de toda ciência, sempre colocando em xeque suas descobertas e seus métodos. Ciência, sob esse ponto de vista, está associada a um saudável ceticismo e a alguma crença bastante passageira.

Quando a investigação científica tem por objeto de estudo subjetividades, relações humanas, grupos e instituições, encontramos aí um complicador há muito sabido: humanos metidos em ideologias, preconceitos e desejos tentando produzir conhecimento com outros seres humanos. A saída contemporânea foi incorporar essa variável, sem negar a óbvia questão da influência do investigador na própria pesquisa que está sendo realizada.

O conhecimento científico, como sabemos, não é dado, necessitando de um instrumental, de um método que o desvele, que o produza. A própria proposta, o desejo de saber, ou ainda o desejo de saber por que se sabe, aponta para esse conhecimento atravessado nas descobertas.

O método, no que diz respeito à pesquisa dentro das ciências humanas, é assunto fartamente discutido. Freqüentemente, a questão chega a se igualar em importância com os resultados alcançados na investigação: *Quais são os resultados? Como se chegou a isso? O resultado seria outro se um método diferente fosse utilizado?*

O psicodrama foi criado à margem da psicanálise. Algumas vezes, foi seu reverso; em outras, uma versão diferente; e, em certos pontos, outra coisa. Nasceu sob o signo da contestação, contrapondo aquela mesma psicanálise materialista, dura, determinista, que a compreendida por Jacob Levy Moreno, imerso na Viena do começo do século passado. Talvez, hoje, mais sensatamente, possamos considerar interessantes e potentes ambas as propostas, sem deixar de inscrevê-las na História – sob o risco de cheirar o bolor do tempo e do lugar de que falávamos anteriormente, se não as criticarmos e atualizarmos constantemente.

Não falamos, portanto, de deuses e dogmas, mas de idéias, de projetos abertos. Assim, nos encontramos bem distantes de algo como a Verdade, porto seguro tão desejado pelos homens. Trata-se, nesses projetos abertos, de suportar o fugaz, as verdades efêmeras e contestáveis. Claro que ao assumir essa postura estamos longe do sucesso que provocam as certezas, dos profetas das regras, da religião dos acadêmicos, do conforto daqueles que sabem.

As raízes teatrais do psicodrama são, do mesmo modo, de contestação ao teatro convencional de seu tempo. A própria religiosidade moreniana se assenta no não estabelecido, longe de igrejas e credos. Moreno não abandona o instituído (o teatro, a religião), mas tenta, nesse mesmo instituído, produzir rotas de fuga, escapes, pontos de luz. Não devemos, contudo, nos agarrar ao conforto de toda essa ação inconformista perpetrada por Moreno. Toda a história do psicodrama deve ser criticada, assim como toda a sua produção.

O lugar marginal dentro das ciências humanas dado ao psicodrama desde seu início traz questões que remetem à sua identidade. A marginalidade nem sempre é *cult*. Aliás, quase sempre não é. O psicodrama não recebeu esse olhar cúmplice e benevolente das elites pensantes algumas vezes dirigido à periferia exótica, com exceção do próprio Moreno e das homenagens recebidas em algumas universidades no final de sua vida. Teria sido mais um culto à personalidade do que à produção? Dúvida... Sob meu ponto de vista, o legado freudiano, erudito, racional, determinista foi, no final das contas, depois do comportamentalismo americano, o projeto que mais se aproximou da ciência, sediada nitidamente nas grandes universidades e nos grandes institutos de pesquisa – a fonte dessa mesma ciência. O psicodrama é híbrido demais: nem apenas psicologia, nem psicologia social propriamente dita, nem sociologia, nem religião, nem arte, mas algo situado nessas regiões.

Convenhamos, o "comportamento" de Jacob Levy Moreno não ajudou em nada, na medida em que, sem qualquer discrição, juntava megalomania e misticismo, arrogância intelectual e autosuficiência, uma atitude "desrespeitosa" (!) para com a academia e a ciência, com suas críticas disparatadas que muitas vezes acertavam no conteúdo e erravam na forma e, em outras vezes, o contrário. Se, por um lado, isso "atrasou o desenvolvimento" do projeto moreniano, por outro, o desobrigou de manter uma postura excessivamente servil em relação a algum pensamento vigente e estabelecido. Pagou e ainda paga, entretanto, um alto preço.

Relativização e críticas constantes deveriam trazer uma saudável juventude ao psicodrama. Consistentes diálogos com outros campos do saber são exercícios absolutamente necessários para seu fortalecimento, possibilitando clarear aspectos obscuros da teoria e da prática, mesclando autocrítica e reconstrução. Diálogo, obviamente, não significa adaptação aos modelos vigentes, submissão às mentalidades dominantes.

Em determinados momentos da história do psicodrama brasileiro, ele foi objeto de análise epistemológica/metodológica,[2]

---

[2] Ver, por exemplo: Naffah Neto, 1997; Castello de Almeida, 1988; Gonçalves, 1989; Monteiro, 2000; Brito, 2002.

mas essas, infelizmente, são produções isoladas. Os psicodramatistas brasileiros, se levarmos em conta as publicações de livros e em revistas científicas, ao que parece, preferem discutir a prática. Depois, discutir a teoria. E, por fim, construir teoria. De modo geral, a construção teórica pós-moreniana acontece timidamente, algumas vezes ainda escorada na psicanálise, que assombra como verdade, como crença. As criações teóricas dos psicodramatistas brasileiros foram e serão muito bem-vindas.

O projeto moreniano é amplo e chama-se socionomia. Não é o caso neste espaço de esmiuçar algo já tão conhecido pelos psicodramatistas. Quanto aos demais, sugiro que recorram aos bons trabalhos de síntese da filosofia, teoria e técnicas morenianas.[3]

Dentre as muitas criações morenianas, encontramos como instrumento a dramatização, que – da mesma forma que acontece no psicodrama, no sociodrama, no teatro espontâneo – tem especificidades, bases teóricas, técnicas e filosóficas. Na literatura moreniana, e mesmo na pós-moreniana, enfatiza-se o tratamento de pessoas e grupos como um modo de tratar a sociedade. A utilização do instrumental moreniano para pesquisa científica não só é recente no Brasil, mas também se dá de forma esparsa e esporádica, sem clareza do que venha a ser o *psicodrama como método*. Na verdade, o psicodrama tem sido usado mais comumente como técnica, mesmo caso da entrevista ou dos testes psicológicos.

A aproximação de muitos psicodramatistas nas diversas universidades do país, em diferentes programas de pós-graduação, impulsionados pelo desejo de aprimorar e produzir conhecimento, além da evidente tentativa de ocupar novos espaços em um mercado de trabalho absurdamente restritivo, favoreceu a busca de resposta para a questão: afinal de contas, que conhecimento é esse gerado pelo psicodrama?

---

[3] Ver, por exemplo: E. Garrido-Martin, *J. L. Moreno: psicologia do encontro*, São Paulo, Livraria Duas Cidades, 1984; M. Aguiar, *O teatro da anarquia: um resgate do psicodrama*, Campinas, Papirus, 1988; C. Gonçalves, J. R. Wolff, W. Castello de Almeida, *Lições de psicodrama: introdução ao pensamento de J. L. Moreno*, São Paulo, Ágora, 1988.

Neste artigo, faço então uma primeira tentativa de compreensão *do que é a construção do conhecimento advindo da psico/sociodramatização, sendo essa dramatização conteúdo para a investigação do fenômeno em estudo.*

O esforço para aproximar o psicodrama como método investigativo de outros métodos é evidente e necessário para possibilitar trocas. Marra e Costa (2004) realizam essa empreitada com a pesquisa-ação. Um estudo igualmente interessante, acredito, seria a busca de diálogo com a análise institucional. O foco do presente texto, no entanto, não é esse, como fica claro na explicação anterior. A intenção aqui é, antes de mais nada, esboçar idéias visando a um arcabouço teórico capaz de sustentar a construção de um projeto para a utilização da dramatização investigativa. Desconheço estudos, além daqueles já citados, que empreendam uma epistemologia para o conhecimento gerado pela dramatização.

DRAMATIZAÇÃO E CONHECIMENTO

Não é fácil argumentar a favor da tese de que o conteúdo de uma dramatização é conhecimento e, ainda mais, conhecimento científico. O psicodrama, como se sabe, tem sua gênese alicerçada principalmente no teatro. Já encontramos aí uma primeira questão: como aceitar um conhecimento advindo de um instrumental cuja origem se mistura com o universo das artes? Como acreditar nessa "verdade"?

Conta Plutarco, no clássico *Vida de Sólon*, que, quando Téspis, depois de inventar o papel de ator, apresentava as tragédias que tanto agradava ao povo, Sólon

[...] certo dia foi a uma peça para ver o próprio Téspis representar, como era costume entre os poetas. Terminada a peça, Sólon mandou chamar Téspis e quis saber se ele não se envergonhava de mentir tão abertamente diante de todos. Téspis respondeu que as coisas que ele dizia ou fazia não tinham importância alguma, uma vez que tudo não passava de uma peça. Então, Sólon, batendo no chão com o bastão, replicou: "Mas se aprovarmos a mentira numa peça, logo vamos passar a achar muito justo mentir em todos os nossos tratos e em tudo que fizermos".

Ou seja, vem de muito longe a desconfiança das verdades advindas das artes, especialmente ante os poderes constituídos, mas também os poderes que dizem *o que é e o que não é científico*.

Embora tenha sua raiz fincada no teatro, o psicodrama não é teatro convencional. Se fosse, estaríamos falando de arte. Produz, é nítido, algo. Talvez conhecimento. Sabemos que a produção do conhecimento é inerente à ação humana, mas conhecimento científico pede método. A questão colocada anteriormente pressupõe, obviamente, o desejo de que o psicodrama gere esse conhecimento científico.

De fato, os experimentos de Jacob Levy Moreno (Marineau, 1992) evoluem de uma ação de ajuda humanitária, com algo de religioso, em favor de seres que, de algum modo, encontram-se em desvantagem – crianças, prostitutas, refugiados na Europa –, para uma atitude de maior conformidade com uma ciência pragmática vigente nos Estados Unidos, passando pela intensa experiência do teatro espontâneo que fertiliza as criações morenianas (Aguiar, 1998).

Não é possível, portanto, negar essa trajetória, afinal ela está contaminada por *toda* a experiência de seu criador, queiramos nós ou não. Podemos observar um início religioso, uma densa vivência com o teatro espontâneo e, por fim, um esforço para se adaptar aos cânones da ciência e encontrar algum reconhecimento na academia.

Interessa aqui a *dramatização* como construção moreniana – no teatro espontâneo, no psicodrama, no sociodrama, no jornal vivo e nas demais técnicas –, com base na experiência contemporânea brasileira que, em certos aspectos, talvez já tenha se distanciado bastante da criação original.

O que está na essência da dramatização como preconizada por Moreno? Basicamente, ela desvela uma história, contada pelo protagonista e estampada nas páginas de um jornal que, de um modo ou de outro, ganhará as feições daquele grupo e fará sua radiografia. A proposta moreniana trabalha com relações humanas, com o desvelamento daquilo que não é explícito para pessoas e grupos, com prováveis transformações possibilitadas pelo reconhecimento daquilo que lá está, diante daqueles que vivem ou assistem a essa dramatização. Nessa experiência, ninguém está fora. Aquilo que é dramatizado de algum modo diz respeito aos outros envolvidos. Nesse sentido, rompe-se com o subjetivo de que falávamos há pouco, pois ele está implícito; tenta-se, conforme veremos, objetivar o subjetivo, transformar a cena psicodramática em objeto de crítica.

DRAMATIZAÇÃO INVESTIGATIVA

NOSSO PROBLEMA é argumentar a favor da dramatização investigativa. Darei exemplos para depois tentar uma definição.

Como exemplo de dramatização investigativa, cito trabalhos de duas alunas orientadas por mim em uma instituição de formação em psicodrama. O trabalho aconteceu no último ano dessa formação e visava à escrita de uma monografia de conclusão de curso no Instituto de Psicodrama e Psicoterapia de Grupo de Campinas, no estado de São Paulo. O trabalho de orientação foi realizado em grupo e o tema, as estratégias escolhidas, assim como a teoria utilizada estiveram sob discussão e crítica constantes na fase de leituras para elaborar o projeto de pesquisa, na dramatização e na posterior discussão dos dados pesquisados. Os alunos eram, insisto, psicodramatistas em formação, com pouca experiência de utilização das técnicas do psicodrama no trabalho com grupos ou com indivíduos. Os trabalhos citados são "Guerreiros são meninos" (2004), de Ana Lícia de Barros Lopes, e "A mulher no poder: uma análise do desempenho de papel" (2004), de Shirley Aparecida de Sousa.

A *primeira pesquisa* buscava responder a uma questão sobre o imaginário de meninos que precisam, na falta do pai ou de algum outro adulto que desempenhe essa função, assumir papéis usualmente representados em nossa sociedade por adultos. A investigação foi realizada com meninos da periferia de Campinas, já conhecidos da pesquisadora graças a seu trabalho em entidades nas quais atendia menores carentes. A dramatização nesta pesquisa teve uma peculiaridade. A pesquisadora trabalhou com desenhos da planta baixa de suas casas em dois momentos: antes do nascimento do garoto e no momento atual, visando compreender a história como imaginada pelo sujeito da pesquisa. Levava com ela bonecos especialmente confeccionados para a investigação com figuras (pai, mãe, bebê, criança pequena, criança um pouco mais velha, adolescente, avô, avó) que "atuariam" na dramatização. Interessava-lhe compreender o que acontecera desde o seu nascimento, e mesmo antes dele, até aquele momento.

Os meninos, desse modo, desenhavam uma planta da casa na época de seu nascimento e colocavam os bonecos significativos para aquela cena específica – os personagens. A cena era realizada dando voz aos bonecos, que falavam de suas questões. A pesquisadora funcionou como diretora da cena, fazendo perguntas aos personagens e estimulando a interação entre eles.

Com base nos resultados da investigação, foi possível compreender as questões acerca dos papéis envolvidos, a expectativa sobre o desempenho dos papéis, os papéis faltantes, os desejos, os assuntos temidos, os segredos de família. A discussão pós-dramatização mostrou-se extremamente importante, na medida em que apontava o quanto tudo aquilo era sabido ou não pelos meninos e no que a cena era transformadora. As cenas produzidas segundo o imaginário dos meninos evidenciavam a sua relação com outros membros da família. Por outro lado, fica notório e registrado como a investigadora estava envolvida com o tema: não se "faz de conta" que a subjetividade do investigador não se faz presente.

Relato uma *segunda pesquisa*, na qual a investigadora, uma psicóloga interessada no tema da mulher e do trabalho, elaborou um projeto visando discutir de que forma as mulheres vivenciam papéis de comando. Convidou então algumas diretoras de altos cargos no serviço público municipal para uma sessão de teatro espontâneo. Fez um aquecimento, ofereceu um contexto dramático – uma floresta – e solicitou que se transformassem, em animais nesse lugar. Na cena, surgiram situações nas quais o exercício de poder era evidente: os personagens estavam desamparados, eram cuidadores ou líderes... A grande pergunta da pesquisadora, na verdade, era: como as mulheres desempenham seus papéis, se até muito pouco tempo atrás eles eram vividos por homens? A discussão conduzida após a cena objetivou justamente compreender essa questão, espinha dorsal de sua monografia.

Nos dois exemplos anteriores, a dramatização investigativa trabalha com categorias como imaginário, papéis, desempenho de papéis, inconsciente grupal. Retomo adiante a discussão dessas categorias dentro do projeto moreniano.

Por enquanto, basta enfatizar a conexão com a realidade dos referidos trabalhos de investigação, cujos temas eram caros às duas pesquisadoras. Desse modo, interessam projetos encarnados no real, que tragam sentido ao grupo de pesquisados e de pesquisadores e, de alguma maneira, transformem ambos. A dramatização no caso dessas duas pesquisas é o miolo do projeto: ela tem algo de seminal, pois a partir dela se desdobram questões, amplificando signos e significados para todos os envolvidos.

Logo, podemos definir precariamente a dramatização investigativa (embora toda dramatização criada por Moreno o seja) como aquela que se propõe a levantar dados para a pesquisa científica. Para isso, ela deve ser precedida necessariamente por um projeto de pesquisa. A dramatização com fins investigativos se diferencia de outras dramatizações de enfoque moreniano justamente pelo recorte objetivo antecipadamente feito: não se pesquisa qualquer coisa, a pesquisa é específica, focada. Penso que vale a pena detalhar tais especificidades.

O PROJETO DE PESQUISA

O PESQUISADOR necessita, antes de qualquer coisa, ter uma questão. Ele, obviamente, precisa duvidar do sabido para poder criar. Seres por demais apaziguados com a vida e sem muitas dúvidas, com freqüência, não perguntam efetivamente. Amiúde, essas pessoas têm suas questões facilmente respondidas por elas mesmas e, aí, distanciam-se do que deveria ser a pesquisa científica. Algumas vezes, a questão é vazia, apenas uma afirmação com ponto de interrogação no final. Têm verdadeiro horror do vácuo provocado por questões que busquem radicalidade. Ao contrário disso: seria preciso produzir não falsos problemas, mas verdadeiras buscas por perguntas que explorassem questões efetivas sobre a condição humana. Não é fácil saber exatamente o que seria isso, uma vez que a problemática humana varia imensamente para cada um; entretanto, na tradição psicodramática, *algo* nos une pela cultura, pelo sofrimento por meio dos papéis sociais colados em nossa pele.

Na orientação de trabalhos escritos, estimulo os pesquisadores a trazer suas dores mais pessoais para o texto. Obviamente respeito os limites de cada um na exposição de seus dramas, que nem sempre precisam ser anunciados. Contudo, é importante que, na escrita, essa dor seja reconhecida. Trafegamos, desse modo, na contramão da assepsia suposta de uma ciência positivista. Aqui, a dor do pesquisador muitas vezes não aparece na escrita final, mas podemos, algumas vezes, inferi-la. Em outras, desaparece totalmente, sem que o pesquisador saiba que a escrita pulsa. A experiência me ensinou a não brigar com as paixões e os desejos humanos, mas tentar integrá-los no projeto como uma mola propulsora, motivadora da pesquisa. Chamo isso de pesquisa encarnada, que gerará uma escrita encarnada contraposta a uma escrita burocrática (Merengué, 2001).

Um plano de pesquisa bem elaborado, parece dizer a experiência, auxilia o pesquisador em seu percurso. Um bom começo é um levantamento bibliográfico mínimo sobre o assunto a fim de estimular uma *questão norteadora*, evitando, assim, insistir em temas já pesquisados, questões já respondidas, repisando o óbvio. Por outro lado, é preciso não se deixar encharcar exageradamente pelo sabido, deixando brechas para o espontâneo e o criativo.

A questão a ser construída é o princípio criativo e espontâneo que conduzirá todo o projeto. A ousadia, o não-temor em mexer nas conservas científicas, morais, religiosas é fundamental nessa hora – *"mas se, em vez disso, pensar naquilo...?"*. Não ter um saber prévio e prevenido contra o abismo que, inevitavelmente, surgirá. Estabelecer objetivamente um campo do saber e dentro dele uma questão pertinente, mas em seguida dar permissão às subjetividades do *por quê? para quê? como?* Ou seja, ter a dúvida como guia.

O trabalho psicodramático, como o pratico, é feito de *imersão* e *compreensão*. A *imersão* pressupõe o abrir mão de qualquer certeza, de qualquer conhecimento e se lançar no desconhecimento, no não saber. É preciso, entretanto, ter um fio que o sustente, que ligue o pesquisador ao real, ao objetivo. Com isso ele pode, concretamente, elaborar – dando sentidos à experiência dramática vivida – a *compreensão*.

A proposição de uma questão, desse modo, pode ser precedida de muitas outras questões até que se chegue a uma efetivamente profícua. Essa é uma primeira imersão e compreensão que o pesquisador psicodramatista fará no decorrer de sua pesquisa.

Embora façam parte de um mesmo movimento, imergir e compreender não se confundem. Até antes do início da pesquisa propriamente dita, já podemos experienciar essa dupla via, de fundamental importância para uma investigação psicodramática.

Tendo o pesquisador elaborado claramente sua questão norteadora, é preciso saber quem participará de sua pesquisa: indivíduo(s)? Grupo(s)? Muitos pesquisadores, no decorrer da elaboração de sua pergunta, já têm em mente com quem desejam trabalhar e como isso acontecerá. Nos dois exemplos dados, as pesquisadoras tinham bem claro com quem pretendiam trabalhar, porém a segunda temia trabalhar com mulheres em cargos tão altos. A primeira concluiu que trabalharia com bonecos e plantas baixas de casas em dois momentos de suas vidas. A outra, que faria um teatro espontâneo. Essas escolhas, quando pensadas em grupo e com um orientador fazendo contraponto, são de grande valia na discussão de pontos de pouca importância, aos quais, tantas vezes, o pesquisador dá excessivo valor.

A liberdade deve ser grande no que diz respeito ao **o que** acontecerá na experiência. Estamos falando, novamente, de imersão. Todos esses cuidados objetivos visam liberar o pesquisador e os pesquisados para agirem do modo mais livre possível dentro do esquema montado. Como na experiência artística, podemos pressupor que papel, tela, tinta e pincel facilitam o livre fluxo do pintor. Até a falta disso pode ativar o desejo de criar, mas algum *enquadre* é obrigatório.

Em síntese, o projeto de pesquisa contempla:

- Uma justificativa para a pesquisa: um motivo ancorado em questões pertinentes a um drama pessoal/grupal, existencial, no sofrimento psíquico ou material.
- Uma questão norteadora.
- A indicação clara dos envolvidos na pesquisa.
- Como será essa pesquisa, em que condições acontecerá, ou seja, o método propriamente dito.

O percurso a seguir pode ser modificado no decorrer do caminho, como um mapa que, ao ser explorado, mostra-se defasado em relação à experiência. Esse vai-e-vem entre projeto e pesquisa é interessante e necessário. Muitas vezes precisa ser refeito para não se perder o rumo.

PESQUISAR: O QUÊ? COMO? PARA QUÊ?

O OBJETO da pesquisa com o psicodrama são as relações. Prefiro escrever relações sem qualificá-las. Os mais puristas acrescentariam o "interpessoais", mas, quando nos dispomos a realizar uma pesquisa, a atitude de abertura é de vital importância. Explico: no primeiro exemplo dado, a pesquisadora trabalha com relações – como os garotos pesquisados se imaginam em dois momentos, antes de eles nascerem e no momento atual. A pesquisa é feita sobre o *imaginário*, ou seja, como ele supõe (inventa, recria) essas relações. Não se trabalha, tantas vezes, com a concretude dos vínculos, e sim com a imaginação de um protagonista. Quebram-se, desse modo, o interno e o externo, o objetivo e o subjetivo, o real e o imaginário. Falamos apenas de *relações*. No segundo exemplo, a pesquisa recai também sobre um papel social comum vivido por aquelas mulheres, só que agora em uma "floresta", com "bichos" escolhidos por elas.

Embora o psicodrama insista, sem muito pensar, que não pesquisa o "intrapsíquico", no cotidiano da clínica, por exemplo, faz-se isso o tempo todo. Ou melhor, na prática, o limite entre o intra e o inter fica bastante difuso. A pesquisa, seguindo essa linha, incide sobre as relações objetivas e/ou imaginárias do indivíduo consigo mesmo, do indivíduo com o grupo, do grupo, do grupo com outro grupo. O recorte apenas respeita limites daquela pesquisa específica, porém sabemos que o imaginário guarda conexão com o que se supõe ser o real, com a sociedade e suas instituições, além das relações com o próprio imaginário.

Ao investigar relações, não perdemos de vista aquela entre pesquisador e pesquisado. A formulação da questão orientadora da pesquisa está atravessada pela subjetividade de quem pergunta, e isso é encampado como inevitável. Todo esse conhecimento, todas as dúvidas (explicitadas ou não) devem, no entanto, ficar como que "esquecidos" no momento da investigação. Tudo precisa estar suspenso – mesmo que se saiba da precariedade desse ato – para uma nova imersão, um envolvimento com o que se busca. Essa abertura para o outro é absolutamente imprescindível para a construção do conhecimento.

Nesse momento, a investigação corre o grande perigo de querer produzir novidade, desfazer mitos a qualquer custo; o que pode acontecer caso o pesquisador queira *fazer valer* sua questão norteadora. A dramatização pode não dar a resposta? Sim, e não necessariamente chegar a algum resultado, ou, ainda pior, chegar *àquele resultado* tornar-se a obsessão de quem pesquisa. Aquecimentos malfeitos, dramatizações desastradas, direções pouco hábeis, pesquisadores desonestos (isto em qualquer pesquisa, não?), compartilhamentos muito diretivos, trabalhos não submetidos à crítica dos envolvidos na investigação podem "produzir" resultados totalmente forjados. Mas mesmo imaginando que o trabalho tenha se dado técnica e eticamente o mais honestamente possível, a resposta à questão pode produzir surpresa ou decepção. Isso, no entanto, é a pesquisa científica. O conteúdo é aquilo que aquele indivíduo ou grupo apresentam naquele momento e lugar, por mais decepcionante que isso possa ser.

Uma forma de evitar o risco de forjar dados é a consonância com o(s) indivíduo(s) ou grupo(s) pesquisado(s), no sentido de orientar ou reorientar o percurso da dramatização. A imersão pressupõe conversa, aproximação, suporte para as mudanças, decisões coletivas – ou, ao menos, antagonismos explicitados, mas também crítica aberta por parte do pesquisador e dos pesquisados.

Em resumo, o pesquisado deve estar envolvido nessa primeira fase da busca de dados – *o que se procura?* Sabe, do mesmo modo, o que é dramatização e o que se pretende com ela. Participa do aquecimento para a cena, envolve-se na dramatização. Compartilha com o pesquisador e os demais envolvidos na investigação os sentimentos, pensamentos, tensões envolvidos na dramatização; por fim, a dramatização investigativa discute como foi conduzida e se atingiu os fins pretendidos. Assim nada se esconde, tudo acontece de maneira aberta. As novidades emergem na cena dramatizada na medida em que adentramos no universo do inconsciente das relações, nas quais pesquisador e pesquisado estão em iguais condições.

O *aquecimento* (primeira fase) voltado à busca de dados para a pesquisa não difere tecnicamente daquele utilizado em dramatizações com outros fins, mas obviamente temos um foco, um interesse. Preparam-se os sujeitos da pesquisa – agora atores – para a cena, estimulando o aquecimento necessário aos papéis específicos. No exemplo dos garotos, o aquecimento consistiu em desenhar as plantas baixas das casas, ato gerador de lembranças, fantasias e até de construção de memórias. A *dramatização* (segunda fase) moreniana precisa de uma demarcação do contexto psicodramático (lugar onde ocorrerá a cena), clara demarcação de papéis (o diretor de cena, os atores, a platéia – de onde emergem os atores) e do cenário. A produção cênica é a imersão de todos os envolvidos naquela pesquisa: não se "controla" o caráter da dramatização à medida que adentramos no universo do imaginário. Indivíduos diferentes encarnam diferentes papéis, cuja trama, do mesmo modo, ninguém controla.

Uma pergunta: seria saudável que o diretor de cena não fosse o pesquisador? A resposta mereceria longos debates, mas, de antemão, podemos levantar prós e contras. Os *prós* dizem respeito a um suposto distanciamento negado todo o tempo por nós, já que imersão e compreensão devem ser aspectos diferenciados de um mesmo movimento. Nisso está o que vejo de *contra* em serem duas pessoas e não apenas uma: o pesquisador precisa passar pelos dois tempos do movimento.

Terminada a dramatização, o grupo *compartilhará* (terceira fase) os sentimentos vivenciados, criticando, discutindo o material surgido. Nessa fase, o pesquisador terá liberdade para questionar, analisar desempenhos, cenas, tramas, não como quem esteve fora, mas como elemento implicado na construção daquela produção. Os mesmos cuidados para não sobrepor conhecimentos, impor interpretações são vitais nesse terceiro momento.

O conteúdo resultante diz respeito, então, a todo esse embate: a questão norteadora será justaposta pelo vivencial (a imersão grupal) e retomada pelo pesquisador junto do grupo (a compreensão). Podemos delimitar esse como um quarto momento (quarta fase), depois do aquecimento, da dramatização e do compartilhamento. Trata-se de um tempo marcadamente objetivo, de compreensão intelectual.

O diálogo honesto e amplo deve estar presente em todas as fases da pesquisa, contudo sabemos o quanto isso é enganador quando falamos do imaginário, do inconsciente, do co-inconsciente. Não há nenhuma garantia de que as armadilhas surgirão apenas no contexto dramático, embora este seja o campo contratado para o aparecimento de todos os *nós*.

Os leitores não envolvidos com a dramatização moreniana poderão perguntar: mas isso não é organizado demais? O imaginário se conforma aos limites do contexto? Respondo: não, mas damos espaço aos papéis psicodramáticos para que eles se insinuem. Na verdade, e freqüentemente, os atores "não sabem" o que estão fazendo, de fato. Vivem, como em um sonho, algo de que necessitarão depois: distanciamento para compreender em que trama estavam metidos. Não se trata apenas de representar vontades, de tê-las cenicamente vividas. Mais que isso, o contexto psicodramático oferece a possibilidade de que, na imersão, conflitos profundos de indivíduos e grupos ganhem concretude. Trata-se, então, de fala e contrafala, de desejo e de negação, de vontades contrariadas.

Em seguida, dá-se a fase da transcrição do experimentado: que certeza temos de que o transcrito foi, de fato, o ocorrido? Em função dos inúmeros detalhes presentes em toda dramatização, é praticamente impossível reproduzir em palavras, gestual, entonação, ironias, silêncios, assim como em níveis de espontaneidade, a capacidade criativa do indivíduo ou do grupo. O pesquisador precisará assumir um recorte a fim de responder melhor à sua dúvida primeira, deixando muitos detalhes fundamentais, mas talvez não essenciais para aquela pesquisa. Não podemos, no entanto, negar a existência de toda essa complexidade.

Como "tratar" os dados obtidos na pesquisa? Como lê-los à luz dos conceitos do psicodrama? Proponho a seguir alguns caminhos que indicam um modo.

TRATAR OS DADOS

O(s) indivíduo(s) envolvido(s) no processo, em dado momento, distancia(m)-se da pesquisa em si. Embora possa(m) retomar o material escrito pelo pesquisador um pouco mais adiante, já distanciado(s) da experiência vivencial, vale ressaltar que o processo de escrita é solitário. A retomada com o indivíduo ou o grupo pode, obviamente, modificar entendimentos, mas importa, também, a subjetividade do pesquisador.

Apesar de a conceituação moreniana não ser sempre clara, nas últimas décadas muitos psicodramatistas se lançaram na árdua tarefa de ampliar, especificar, precisar estes conceitos. Apresento alguns destes caminhos possíveis, recortes que auxiliarão o pesquisador na compreensão e transmissão do conhecimento.

PAPEL

Um levantamento dos papéis envolvidos na pesquisa possibilita leituras instigantes. Por exemplo, na primeira pesquisa citada, quais os papéis presentes na dramatização? Cadeias de papéis (mãe–filho, pai–mãe, filho–pai, irmão–irmão, pai–mãe–filho,

filho–irmão–mãe, avó–pai–mãe–filho) revelam intenções diversas nos contextos social e psicodramático.

No contexto social, nem sempre são claros os movimentos instaurados pelos atores sociais (por que agem assim?); entretanto, o contexto psicodramático permite a inclusão do imaginário atravessado nas intenções, desejos, sentimentos, ideologias, ignorâncias, paixões. Aquilo que *não é dito, não assumido*, ações *não atuadas* encontram-se no imaginário dos vínculos e pedem explicitação.

Os papéis sociais são fruto das sociedades e de seus movimentos, e visam referendar conservas culturais, congelando formas que supostamente simbolizem aquilo que de mais claro exista. O papel de pai ou o papel de mãe, por exemplo, são nítidos e óbvios em qualquer sociedade já que um fator biológico subjaz sua construção. Todos os fatores culturais e antropológicos que se imiscuem nos diversos papéis indicam sutilezas de uma sociedade. Os papéis sociais são, na linguagem de J. L. Moreno, conservas culturais.

Os papéis imaginários, como relidos por Alfredo Naffah (1997) na obra anteriormente citada, estão no bojo dos papéis sociais, mas são fruto de uma nítida alienação do desejo humano causada por essa mesma sociedade. Ou seja, por alguma razão, papéis sociais que não se concretizam no contexto social ganham um espaço invisível nessa mesma sociedade. Um adolescente que queira ser aviador em uma família de médicos talvez necessite empreender uma luta ferrenha para que seu papel imaginário de aviador ganhe corporeidade. Ao retomar esse conceito (Merengué, 2003), indico uma maior abrangência e não apenas um caráter individual para eles: em uma sociedade, papéis imaginários ficam aprisionados se a conserva cultural indica um "politicamente correto", por exemplo. Esse aprisionamento acontece no plano social com papéis imaginários socialmente não suportados, e não somente *no* indivíduo.

Os papéis psicodramáticos indicam o espaço de compreensão destes papéis, já que a sociedade inevitavelmente propõe a cisão:

tenta validar a qualquer custo os papéis sociais que lhe interessem. O imaginário procura caminhos pouco comuns para se fazer valer. O contexto psicodramático se preocupa em dar vazão ao louco, ao insuportável, ao sensível, ao fraco, àquilo ainda não pensado, não entendido, não elaborado.

Nossa intenção aqui é indicar ao pesquisador de que maneira cartografar sua pesquisa levando em conta o conceito de papéis. Um levantamento inicial pode indicar quais os papéis sociais implicados na questão e surgidos no contexto psicodramático; pode também, no decorrer da cena, buscar papéis imaginários que, não explicitados na cena social, teriam surgido. Falamos, portanto, da busca apenas e tão-somente por pesquisar, com base nos papéis psicodramáticos, os papéis sociais e os papéis imaginários.

Essa cartografia, por si só, não traz ao pesquisador uma resposta para sua questão, mas sim a possibilidade de compreender os nós das relações ou, em outras palavras, onde está o conflito. Precisará compreender sua questão norteadora, fazendo justaposição aos papéis envolvidos, como eles estão tramados, o que o contexto social não suportou, que segredos estão guardados nos papéis imaginários daquele grupo.

TELE E TRANSFERÊNCIA

Não retomo aqui todos os meandros destes conceitos, amplamente discutidos – especialmente por Perazzo (1994) e Aguiar (1990). Deste último, interessam a idéia de projeto dramático e a forma como o conceito de tele aí se ancora, deixando de lado a idéia também moreniana de tele como percepção.

A proposta de Aguiar pensa os papéis em relação e as possibilidades aí colocadas: como os projetos dos envolvidos estão colocados, o que é explícito ou implícito, toda a gama de textos e subtextos que os vínculos acarretam. A noção de tele não se distancia da espontaneidade criadora, pois temos aí, potencialmente, a chance de transformar a realidade.

O conceito de teletransferência pode esclarecer aspectos da questão norteadora na medida em que lança luz sobre nuanças, dificuldades ou mesmo facilidades nos vínculos. Nas pesquisas citadas, nas quais as perguntas das pesquisadoras incidiam sobre o *como acontecem as relações*, o conceito nos parece vital.

ESPONTANEIDADE CRIADORA E CONSERVA CULTURAL

Em uma pesquisa sobre relações, saber quais os graus de liberdade dos atores da cena social ou da cena psicodramática pode, de algum modo, determinar a compreensão de um vínculo, de um grupo, de uma cultura.

Os diversos grupos naturais (por exemplo, a família) ou sintéticos (caso dos grupos de psicoterapia) revelam um grau maior ou menor de liberdade de ação para os indivíduos e mesmo para o grupo como um todo. Famílias absolutamente controladoras podem revelar núcleos liberais ou o contrário. Grupos de psicoterapia podem produzir dinâmicas impressionantemente conservadoras, mas a entrada de novos membros pode modificar de forma significativa a configuração. Do mesmo modo, casamentos dos filhos podem trazer genros e noras que enrijeçam ou liberem movimentos, positiva ou negativamente, para determinado grupo.

E, por fim, indivíduos e grupos podem fazer alterações cênicas e discutir a possibilidade de transportar tais mudanças para o contexto social. Nisso, experimentam os graus de liberdade possíveis nos contextos psicodramático e social. Ou seja, o quanto estão dispostos a uma experiência espontânea e criativa, de risco e, portanto, de transformação que (talvez) seja positiva.

CO-INCONSCIENTE

A riqueza desse conceito moreniano está na possibilidade de desvelar aquilo que ainda não está claro, aquilo que ficou no esquecimento, ou que ainda não se presentificou.

Como pode ser usado na pesquisa? Muitas informações, sensações, segredos, dúvidas necessitam de um verdadeiro quebra-cabeça para se concretizar. Em uma família, todas essas nuanças freqüentemente não pertencem a uma pessoa apenas; logo, é preciso resgatar movimentos, cenários, experiências, legados a fim de compreender uma dinâmica familiar. *Por que somos assim?*

O co-inconsciente moreniano não é um reservatório de coisas esquecidas, e sim toda a novidade, a possibilidade, a "outridade", os caminhos não escolhidos. Não está situado no passado, como um baú amarelado, mas se confunde com a espontaneidade criadora, com a conserva cultural (que são conceitos relacionais) e todas as amarras e possibilidades engendradas por aquele grupo específico.

A atenção a este aspecto não pode ser negligenciada. Trata-se de algo passível de investigação, porém novamente necessitamos do compromisso grupal que, por sua vez, precisa estar efetivamente motivado na pesquisa.

PROTAGONISTA

Esse é um conceito de extrema importância na teoria moreniana, de extrema originalidade. Construído com base na tragédia grega e dentro da idéia do homem trágico, pressupõe justamente a concretização cênica da crise: a crise dos papéis sociais, sua dissecação, o advento dos papéis imaginários subjacentes, a vivência disso nos papéis psicodramáticos.

Na pesquisa científica, muito além de um suposta cura para algum mal, temos a exposição da narrativa social. Não o confinamento da dor (nos quartos, nos asilos, no consumo, na solidão...), mas seu escancaramento na cena. Desse modo, a narrativa psicodramática surge como contraponto à narrativa social, desmontando-a.

Os conceitos morenianos estão inevitavelmente imbricados; os papéis sociais não estão soltos, e sim colados aos indivíduos em suas relações e grupos dentro de uma cultura, mais ou menos conservadora, mais ou menos facilitadora para as transformações sociais. Telecidades e transferencialidades são igualmente possibilidades, acontecimentos dentro dessas relações, com seus estados conscientes ou inconscientes.

Esse homem, fora de si (Merengué, 2001), perdido, delirante e sozinho, é o meu outro, desvelado no inconsciente dos vínculos. O protagonista, de algum modo, funciona como um pivô, alguém que nos fascina e por quem temos desprezo, mas é também de extrema importância, caso queiramos compreender uma sociedade.

SOCIOMETRIA

Mais do que um conceito, a sociometria é um dos ramos da socionomia e se propõe a fazer justamente o que está implícito, ou seja, medir as relações sociais. No dizer do próprio Moreno (1992, p. 302-3), que situa a importância da sociometria:

Com o advento da sociometria, foi exigida do investigador uma co-experiência cada vez mais intensiva com os participantes de uma experiência social; e ele teve de passar, por fim, ao outro extremo, ao estado de plena e ilimitada atividade, à co-experiência por meio da ação e da interação, o teatro, não o teatro como uma convencional conserva cultural, mas como um experimento na pesquisa da espontaneidade.

Moreno enfatiza aí a intensidade da troca e da imersão do pesquisador, coisa que "jamais poderia conseguir como observador" (p. 304).

A pesquisa sociométrica propriamente dita utiliza-se costumeiramente do teste sociométrico (Bustos, 1979), contudo esse é apenas um modo de compreender uma dinâmica. Por meio de escolhas e rejeições, a pesquisa pode mapear as relações travadas em um grupo, de uma família e mesmo de um casal. No entendimento da trama vivida pelos indivíduos e pelos grupos, temos a cartografia (aqui chamada de sociograma) instantânea, uma espécie de raios X daquele momento. Na investigação científica, a sociometria pode ser determinante e os dados reveladores do *modus operandi* de um grupo em uma sociedade, mas ainda na pesquisa de indivíduos em seus grupos.

A PESQUISA PSICODRAMÁTICA

Os "RESULTADOS" surgidos na dramatização interessam como produto (*o quê*) e como processo (*como*). Antes de mais nada, entretanto, trata-se de uma construção coletiva, na qual pesquisador e pesquisados, em diferentes papéis, tomam a investigação nas mãos como criadores. O enquadre é mantido – o planejamento do projeto, a discussão de todo o plano com o indivíduo/grupo, a produção dramática (aquecimento, dramatização, compartilhamento, retomada do projeto ao final) e a posterior reflexão sobre o resultado – visando à busca de alguma verdade.

O projeto moreniano tem a generosidade da busca constante pela explicitação do inconsciente (individual? grupal? tensional, situado entre indivíduo e grupo?) para todos. Essa concretização permite a crítica e a contestação. Deparamo-nos aí com *o que pode ser entendido como verdade: algo provisório, pronto para ser negado, que só tem sentido naquele momento da produção grupal*. Verdade é, aqui, apenas abertura para a alteridade (um indivíduo, uma situação, uma afirmação dissonante...), o contrário exato de se enrijecer em uma verdade, sinônimo da própria ignorância.

No que essa *verdade precária* pode ser generalizada? A formulação científica pressupõe a comunicação dos resultados à comunidade científica e à sociedade visando ao proveito, à contestação daquela verdade. Esse sentido de "provisoriedade" da ciência traduz o espírito de transformação constante e a distância das disciplinas de um *absoluto*.

A dúvida que persiste é: se resultados tão precários e parciais podem ser generalizados, não corremos, novamente, o risco de impor "verdades"?

Indivíduos e grupos guardam singularidades, mas, ao mesmo tempo, estão ligados a outros indivíduos e outros grupos, na mesma ou em outras culturas, nos subterrâneos dos acontecimentos. O conceito de papel em Moreno (1992) traz essa particularidade: nem tudo é coletivo, nem tudo é particular. O papel social traz aspectos do coletivo, como na metáfora moreniana do grande teatro coletivo que seria a vida, na qual os papéis já estariam escritos. A metáfora se refere, desse modo, aos papéis que a sociedade espera dos indivíduos ou como ela espera que cada um os desempenhe. Simultaneamente, porém, a mesma teoria indica aspectos particulares desse desempenho: a sociedade suporta e incentiva uma margem para a criação pessoal.

Falamos, por enquanto, da vivência *co-consciente* e *co-inconsciente* nos papéis sociais.

Podemos então comparar experiências, sem fazer delas coisas equivalentes. Generalizar os resultados com a pesquisa psicodramática é algo estranho. Cabe-nos, apenas, expor os resultados, produzir novas discussões e gerar novos sentidos.

A maneira como meninos da periferia de uma grande cidade vivem com suas famílias a experiência da ausência paterna (filho – pai?) talvez possa ser comparada à maneira de outros meninos que vivem essa mesma realidade. A investigação do imaginário de indivíduos e grupos pode trazer resultados bastante diferenciados: em sociedades mais machistas que a nossa, mulheres no comando apresentam características ainda mais masculinas no desempenho de suas funções?

Papéis sociais de diversas culturas podem ser comparados, seqüenciados, sem que isso signifique impor verdades. O psicodrama, genericamente falando, é uma máquina de construir e destruir verdades, que são desfeitas para criar e desmanchar histórias em um processo contínuo. Todo papel social, entretanto, tem seu contraponto no *papel imaginário*. No entendimento moreniano, a realidade funciona como limitadora da fantasia humana (Merengué, 2003): tudo que não é encarnado socialmente pelos papéis sociais ganha forma(s) imaginária(s) no indivíduo e nos grupos, como vimos. Pressuponho uma infindável seqüência de papéis imaginários em uma cultura, em uma sociedade, que nunca puderam ser representados socialmente. Os papéis imaginários estão conectados à medida que pertençam àqueles indivíduos daquela cultura.

Entendo, desse modo, que a pesquisa das relações humanas, das subjetividades, do imaginário é absolutamente distinta da pesquisa do comportamento humano, de atitudes e opiniões. Para investigar estes aspectos, é possível que outros instrumentos e outros métodos sejam mais adequados.

CONCLUSÃO

MORENO NÃO SE dispôs, talvez por desinteresse, talvez por incompetência, a produzir um legado escrito esmiuçando e criticando sua criação. Por isso, sua escrita é débil, ligeira, apontando esquematicamente aquilo que considera essencial. Funciona como esboços, anotações que um professor trataria de "preencher" mais tarde, diante de seus alunos. No caso de Moreno, o preenchimento se daria com sua ação.

O psicodrama não se transformou em uma metanarrativa, ao contrário do marxismo, da psicanálise, do estruturalismo, do funcionalismo etc., que se propuseram a oferecer à humanidade um verdadeiro "programa" de interpretação da condição humana. Essas narrativas, no entanto, fazem tamanhos (re)cortes do ser humano e da sociedade que condicionam, engessam a uma leitura, um tempo, um lugar, a uma subjetividade específica aquele homem e aquela sociedade. Esses discursos, quando capturados pela ordem, retiram deles possíveis e supostos potenciais revolucionários, transformando-se em discursos ocos. Não é o caso aqui, obviamente, de satanizar as tais narrativas com toda sua enorme tradição sobre as mentalidades, mas sim discutir seu caráter transformador e sua função.

Ao retomarmos a discussão da suposta "fraqueza" teórica do psicodrama, podemos pensar nos óbvios aspectos negativos que as linhas genéricas produzidas por Moreno provocam, uma vez que sujeitas a todo tipo de ingerência, das mais ingênuas às mais adaptadoras; e também em sua flexibilidade teórica que não diz o que é bom, o que deve ou não deve ser feito, mas se abre ao indivíduo e ao grupo para criticar, compreender, analisar. Não apresenta um ponto de chegada de antemão pressuposto, e sim estimula a criação e a espontaneidade como referência básica.

O psicodrama com ênfase no ator espontâneo pode falar ao homem comum na medida em que retoma a ágora grega – o espaço do político, da discussão das questões sociais, ideológicas e psíquicas implicadas no mal-estar da humanidade. Mais especificamente, o psicodrama permite compreender os liames estendidos ou emaranhados entre os planos do real e do imaginário, do social e do psíquico. Não temos aqui um ser humano determinado por uma teoria ou por uma prática, mas uma teoria e uma prática que aceitam de antemão qualquer dor, qualquer questão sem julgamento ou interpretação. O protagonista pode olhar para si e para o mundo, entender sua narrativa, sem nenhum pressuposto.

O ator espontâneo não é apenas uma metáfora, embora como metáfora não seja nem um pouco desprezível. Trata-se de um ser mutante, disposto não só a encarnar diversos papéis disponíveis, como também a inventá-los. Esse desempenho não é de um ator solitário, mas de um ator enredado na trama social, que vive e discute seu meio, investigando seus nós. A realidade é uma construção objetiva–subjetiva, feita na tensão entre o desejo e a dureza das verdades duras. O ator espontâneo surge entre o real e o imaginário, tensionado entre ambos, tentando rever, integrar, avaliar as oportunidades.

O psicodrama, desse modo, não propõe exatamente uma metanarrativa, e sim um modo de revê-la (seja ela qual for). É uma máquina vazia capaz de, com seus dispositivos, investigar narrativas. Pode ser instrumento para pensar não apenas o homem, o grupo, a sociedade, mas o próprio psicodrama e outras ciências. Como seria, por exemplo, discutir psicodramaticamente o imaginário psicanalítico ou marxista, os pressupostos do comportamentalismo, algum conceitual sociológico ou antropológico, teorias do cinema...? Evidentemente, não pretende propor nenhuma verdade, já que possui algumas minguadas; pretende apenas discutir o fenômeno, a forma como ele se apresenta.

No que diz respeito à investigação, certamente está distante do conhecimento dos saberes que transformam o humano em puro comportamento ou pura subjetividade. Mais uma vez, fica situado entre estes pólos.

O que seria a ciência do homem se ela está fundada na fugacidade dos atos espontâneos criativos? Ao centrar fogo justamente na discussão da conserva cultural, questiona todas as verdades perenes, em um movimento contínuo e desassossegado pouco suportável pelos saberes constituídos com seus quadros burocráticos, suas funções e aposentadorias.

O psicodrama visa dar ao homem sua des-verdade, sua ficção, seu avesso e des-avesso, sua mutabilidade, seu onírico e seu desonírico, seu desmanche, pura poesia, sabendo sua realidade mais crua e incrível. Acredita pouco ou nada na ciência positivista, porém necessita de alguma ciência para se mover. Não se encaixa nos cânones acadêmicos, contudo precisa de um lugar para existir. Não é um "mega-relato", e durante anos invejou esse aspecto na psicanálise e no marxismo, coisa mal disfarçada na obra moreniana. Não é arte, mas talvez seja o espaço em que se sinta menos estranha porque espaço de criação. Hoje, vendo para além do momento histórico, podemos ler o psicodrama de modo muito diverso, mais autônomo, como um saber nômade.

O conhecimento gerado pelo psicodrama pode servir à ciência ou à arte, mas especialmente deve servir ao homem comum, que na *pólis* grega ou nas metrópoles pós-modernas continua sendo um homem trágico cuja solidão é óbvia. Nestes séculos, entretanto, aos trancos e barrancos, a humanidade conseguiu, ao menos, preservar algum desejo de criação, apesar de toda a rigidez científica e religiosa que tivemos de engolir nos últimos séculos.

Nesse sentido, o psicodrama pode contribuir para a desconstrução de modelos científicos conservados dentro das ciências humanas. Se por científico devemos entender apenas a pesquisa do *comportamento humano* ou ainda da *subjetividade humana*, parece sempre algo precário, parcial. Dentro dessa configuração, não se pretende aqui apregoar outra verdade, já que falamos de ciência e não de dogmas religiosos. A intenção é pensar nas relações humanas, que incluem o indivíduo e sua subjetividade, dentro de um grupo e seu inconsciente, algo também parcial e precário, mas também humano.

Estaria o psicodrama preparado para a investigação científica? Ao se propor a ser instrumento, terá sua validade necessariamente questionada. Essa inserção no universo da dúvida parece-me algo extremamente saudável.

REFERÊNCIAS BIBLIOGRÁFICAS

AGUIAR, M. *Teatro espontâneo e psicodrama*. São Paulo: Ágora, 1998.

_____. *O teatro da anarquia: um resgate do psicodrama*. Campinas: Papirus, 1988.

_____. *O teatro terapêutico: escritos psicodramáticos*. Campinas: Papirus, 1990.

BARROS LOPES, A. L. "Guerreiros são meninos". In: *Serviço público em cena. A contribuição do sócio-psicodrama na transformação do serviço público municipal*. Série Cadernos de Estudos e Debates. Ano 2, n. 2. Campinas: Prefeitura Municipal de Campinas, 2004.

BRITO, V. C. A. "Novos caminhos para a socionomia". *Revista Brasileira de Psicodrama*, v. 10, n. 2, 2002.

BUSTOS, D. *O teste sociométrico*. São Paulo: Brasiliense, 1979.

CASTELLO DE ALMEIDA, W. *Formas do encontro*. São Paulo: Ágora, 1998.

GARRIDO-MARTIN, E. *J. L. Moreno: psicologia do encontro*. São Paulo: Livraria Duas Cidades, 1984.

GONÇALVES, C. "Epistemologia do psicodrama: uma primeira abordagem". In: MORENO, J. L. *O psicodramaturgo*. São Paulo: Casa do Psicólogo, 1989.

GONÇALVES, C.; WOLFF, J. R.; CASTELLO DE ALMEIDA, W. *Lições de psicodrama: introdução ao pensamento de J. L. Moreno*. São Paulo: Ágora, 1998.

MARINEAU, R. F. *Jacob Levy Moreno – 1889-1974: pai do psicodrama, da sociometria, da psicoterapia de grupo*. São Paulo: Ágora, 1992.

MARRA, M.; COSTA, L. "A pesquisa-ação e o sociodrama: uma conexão possível". *Revista Brasileira de Psicodrama*, v. 12, n. 1, 2004.

MERENGUÉ, D. *Inventário de afetos: inquietações, teorias, psicodramas*. São Paulo: Ágora, 2001.

_____. "Violência e criação: observações psicodramáticas sobre o filme 'Cidade de Deus'". *Revista Brasileira de Psicodrama*, v. 11, n. 1, 2003.

MONTEIRO, A. "Projeto psicodramático e conexões epistemológicas com o pós-modernismo". *Revista Brasileira de Psicodrama*, v. 8, n. 2, 2000.

MORENO, J. L. *Psicodrama*. São Paulo: Cultrix, 1992.

NAFFAH NETO, A. *Psicodrama: descolonizando o imaginário*. São Paulo: Plexus, 1997.

PERAZZO, S. *Ainda e sempre psicodrama*. São Paulo: Ágora, 1994.

SOUSA, S. A. de. "A mulher no poder: uma análise do desempenho de papel". In: *Serviço público em cena. A contribuição do sóciopsicodrama na transformação do serviço público municipal*. Série Cadernos de Estudos e Debates. Ano 2, n. 2. Campinas: Prefeitura Municipal de Campinas, 2004.

Agradeço aos amigos Luis Carlos Contro e Valéria Brito pelas generosas leituras e pelas observações pertinentes. Os comentários dos professores do Instituto de Psicodrama e Psicoterapia de Grupo de Campinas, feitos com base neste texto, foram um estímulo para a continuidade da discussão sobre o assunto.

Pesquisa qualitativa e segmentação cênica: uma proposta de seqüenciação

ANDRÉ MAURÍCIO MONTEIRO

INICIO ESTE TEXTO a respeito de pesquisa qualitativa e psicodrama com uma contextualização histórica de Moreno, em especial suas reservas quanto ao avanço técnico, o risco de nos acomodar a isso e de atrofiar nosso potencial criativo. Prossigo argumentando sobre a importância de o psicodrama tornar-se mais independente dos ensinamentos de Moreno, situando o psicodrama em relação a noções teóricas de técnica, método e metodologia. Ao término dessa incursão mais abstrata, apresento uma subdivisão didática da dramatização, um modelo seqüenciado que permite o estudo mais aprofundado e qualitativo do processo de investigação emocional e relacional de nossos protagonistas.

CONTEXTUALIZAÇÃO HISTÓRICA

SEGUINDO outros teóricos do início do século XX, Moreno guardava certa desconfiança quanto aos impactos promovidos pelo desenvolvimento científico e tecnológico no estilo de vida das pessoas. O desafio do ser humano seria o de acolher as inovações sem, no entanto, cair nas armadilhas de acomodação da conserva cultural. Ele supunha que as invenções e as modernidades subtraíam dos seres humanos, gênios criadores, a possibilidade de expressar todo seu potencial de deuses inatos.

Se o conforto civilizador traz embutido consigo o risco de contaminação pelo germe da inatividade, parece razoável supor paradoxalmente que certo desconforto físico e emocional seja condição *sine qua non* para incentivar uma existência espontânea. A busca eterna pela *bonanza* nos mobilizaria em direção a uma busca contínua de novas superações, entretanto seríamos traídos pelo bem-estar. O incômodo é o mal necessário que provoca a manifestação da resiliência, a força de superação adormecida pela falta de surpresas e agruras reiteradas do ambiente que habitamos.

Além dessa reação mais palpável contra o tecnicismo, podemos supor, com base em seus princípios de incentivo à inovação, que haveria outra ressalva moreniana em relação ao conforto proporcionado pelo apego ao que já se institucionalizou. Pelos princípios de espontaneidade – preconizadores de respostas novas a situações novas ou antigas –, devemos encarar a prescrição de que nós, os discípulos, não devemos copiar o mestre. Cada um deve se esforçar para desenvolver o próprio jeito de trabalhar com psicodrama, ou psicodramar. Em vez de cultuarmos a rota profissional controversa e prolífica de nosso mestre, precisamos olhar para um convite à orfandade, que nos obriga a enfrentar as próprias limitações medíocres e a buscar novos formatos de expressão.

Em função da defesa dessa diversidade, talvez devamos deixar de falar em psicodrama no singular abrangente e, gradualmente, entendermo-nos como psicodramatistas plurais e únicos, à medida que cada um se apropria dos princípios gerais dos métodos de ação e os ajusta a seu estilo particular. Deixamos de obrigatoriamente pertencer à mesma família e de compactuar dos mesmos valores, apesar de descendermos de uma linhagem comum. Que os colegas de trabalho sejam primos, em vez de clones.

Curiosamente, encontramo-nos enredados em uma situação paradoxal (mais uma): por um lado, buscarmos a sistematização do psicodrama sob a égide de uma metodologia, o que traduz o anseio pela padronização harmônica; por outro, avigorarmo-nos pela conquista do direito de desenvolvermos um estilo personalizado. Como não seguir os passos de alguém que se intitula "Deus" e virar as costas em busca de nossa divindade, de nossa lenda pessoal? Essa atitude de deserção equivaleria ao reconhecimento sacrílego de que o Moreno deusificado está morto; de que, embora se reconhecesse como Deus, não precisasse ser seguido e aguardasse renovação divina em nossa prática diária.

O jogo/conflito entre a busca de unificação teórica e a conquista de uma singularidade na prática, a permissão para que sejamos nós mesmos em nosso trabalho me faz lembrar do comentário de Watzlawick (1967, p. 180), de sua denúncia da impossibilidade de obedecer ao comando "Seja espontâneo!". Se obedeço, não o sou mais; se desobedeço, aí sim obedeço. Entre o contínuo dos extremos, deixamos o *acting out*, a impulsividade e encontramos a verdadeira espontaneidade.

Diante dessas considerações iniciais sobre endeusamento ou abandono de Moreno como comandante de nossa prática, ao constatarmos a chegada a um ponto-limite para além do qual não sabemos mais o que há de novidade, fechamos um primeiro ciclo em torno do tema deste texto, sobre certa decadência psicodramática. A obediência aos princípios morenianos de espontaneidade e criatividade implica a imperiosidade de o psicodrama ultrapassar o próprio Moreno, já devidamente reverenciado em conserva.

Caso nos moldemos ao conjunto teórico preestabelecido e repitamos preceitos tal como papagaios, seremos condenados a recitar descrições genéricas e conceitualmente obsoletas, quando comparadas a outras ciências humanas. No entanto, se deixarmos de repetir os preceitos morenianos, chegaremos à situação em que a criatura ultrapassa o criador. Será que ainda podemos nos referir ao psicodrama como tal, ou teremos aos poucos tomado o lugar do criador e criado outra coisa? Talvez seja hora de parar a fim de reavaliar que produto de treinamento planejamos lançar no mercado *psi*, tanto para nossos pacientes quanto para nossos alunos em formação.

Além de nos encontrarmos em uma encruzilhada paradoxal, deparamo-nos com um dilema mercadológico para a sobrevivência do psicodrama: que estratégias adotar para mostrarmos ao público de nossa área *o que* exatamente o método dramático pode oferecer ao profissional, de modo que este disponha de um instrumento de trabalho diferenciado dos demais. Um termo de compromisso razoável tem sido o de formar parcerias com as universidades, aguardando ansiosamente que lá esteja uma tábua de salvação à nossa espera. De certo modo, talvez até esteja mesmo, seja pelo incentivo a uma produção sistematizada, seja por servir de vitrine para a apreciação de um público cativo, cada vez mais fadado à escolha entre a psicanálise e as vertentes comportamentais cognitivistas.

Podemos observar com facilidade a aspiração recente dos psicodramatistas em seu empenho de aproximação com o meio acadêmico. A busca de reconhecimento institucional mediante parcerias de especializações e universidades tem rendido frutos e alunos – vale ressaltar que essa dobradinha não basta para a preservação do psicodrama. Nesse processo de acomodação ao novo meio ambiente profissional, há um ingresso caro a ser pago: o abandono do obscurantismo místico moreniano em nome da ciência, ou seja, menos *socius* e mais *metrum*, o que significa o abandono parcial do teatro anárquico e de certa sujeição ao conhecimento institucionalizado.

Talvez seja possível a busca de um meio-termo, um ponto ecológico entre a busca de inovação e as pazes com a conserva cultural. A polaridade evidenciada entre o binômio espontaneidade/criatividade improvisada, de um lado, e o rigor metodológico acadêmico, de outro, pode ser comparada com o contínuo que conecta a comédia e a tragédia, ora extremos, ora sinônimos. Precisamos ampliar os espaços de produção e divulgação dos conhecimentos psicodramáticos e acolher novos conceitos com intuito de cobrir essa lacuna com base em experiências e pesquisa da ação.

Ao psicodrama cabe um pedágio a ser cobrado pela academia para aceitar o ingresso à tradição – a saber: sua secularização. Para as universidades, também há um peso a ser carregado e digerido ao se aceitar cada vez mais o ingresso dos métodos de ação pela porta da frente. Poucos anos atrás, o acesso teria sido bem mais restrito. Por sorte, essa aproximação com os ares acadêmicos tem recebido o sopro da liberalidade trazida por um movimento acadêmico paralelo, pelo acolhimento dos enfoques qualitativos. Este fenômeno não significa uma maior permissividade, uma liberalização dos princípios, e sim o reconhecimento dos limites do método científico das ciências naturais quando aplicado à interação humana. A chegada de um espírito qualitativo à academia é mais resultado de luta, de imposição de cientistas das ciências humanas, das ciências subjetivadas, do que resultado de fragilização conveniente das linhas positivistas.

Em virtude dessa "novidade" (em termos de conteúdo e de novidade temporal) proveniente das humanidades, também na universidade não há uma proposta prévia aguardando nossa chegada com caminhos trilhados, prontos a serem repetidos. O adorno científico da epistemologia qualitativa não é uma bóia de salvamento *prêt-à-porter*. Precisamos abrir essa picada a machado e esclarecer a todos, a nós inclusive, quais as intenções e possibilidades concretas de contribuição de ambas as partes.

Correndo o risco de assumir o etnocentrismo desta seqüência de raciocínio que descreve a transição da ciência objetiva à ciência subjetivada, não posso me furtar à elaboração de Rorty (1997). Ao descrever opções que seres reflexivos têm a seu dispor, com o intuito de conferir algum sentido a suas vidas e, por decorrência, ao tipo de ciência que fazem, o autor afirma estarmos engajados entre a solidariedade (com o desejo de contribuição para a comunidade) e a objetividade (no contato reiterado com a realidade não-humana). Estamos no processo de abandono daquela em substituição ao fetiche ensejado por esta. Rorty acrescenta ainda que o pragmático, dominado pelo desejo por solidariedade, só pode ser criticado pelo etnocentrismo, não pelo relativismo. Ser etnocêntrico é dividir a raça humana entre as pessoas às quais precisamos justificar nossas crenças e as outras (p. 48). A abertura do psicodrama para novos espaços demandará muitas justificativas.

Em relação ao corpo acadêmico das universidades, temos até sido bem recebidos, talvez pela curiosidade quanto ao que esse agrupamento de semi-artistas tem a oferecer em termos teóricos e práticos. Sobre o que temos a oferecer, titubeamos. Compartilhamos de certo consenso acerca da disposição de instrumental sofisticado de investigação simultaneamente intrapsíquico e relacional, bastante flexível e produtivo; entretanto, como descrevê-lo com precisão legível aos leigos? Temos a oferecer uma técnica, um método ou uma metodologia?

CONTEXTUALIZAÇÃO TEÓRICA

AO INICIAR a disciplina de psicodrama na Universidade Católica de Brasília, freqüentemente me deparo com dúvidas dos alunos sobre o fôlego teórico dessa abordagem, em especial quando comparada com escolas tradicionais da psicoterapia – tais como psicanálise, Gestalt, terapias de família e outras mais. Entre as dúvidas iniciais, destacam a dificuldade de entender a conexão do psicodrama com os conceitos de técnica, método ou metodologia. Afinal de contas, onde é que o psicodrama se encaixa? Essa dúvida parece-me um bom ponto de partida para tentarmos entender melhor as ligações entre esses termos metodológicos, que por vezes nos soam um pouco escorregadios, antes de apresentar uma proposta sistematizada. Com base em uma definição que nos ajude a estipular uma posição mais precisa, poderemos estabelecer parâmetros para uma forma de pesquisa qualitativa.

Turato ajuda-nos a suspender esse enevoado conceitual quando esclarece que técnica é a materialização do método em prática (2003, p. 306). A esse respeito, concordo com a frase segundo a qual a teoria na prática é outra. O psicodrama certamente padece desse mal, mas a técnica psicodramática é tão visível que por vezes a experiência no palco é auto-explicativa e dispensa teorizações adicionais. Turato prossegue com a tentativa de explicar melhor a dúvida persistente de até onde vai um conceito e a partir de que momento se inicia outro. Acrescenta que o método é um conjunto ordenado de procedimentos que servem para descobrir o que se ignora ou para provar o que já se conhece (p. 152). Se precisássemos escolher entre as alternativas, o psicodrama provavelmente se prestaria melhor a atender à primeira alternativa – a de explorar o que se ignora e, ouso acrescentar, de transformá-lo em algo novo. Mesmo ao tentarmos provar "aquilo que se sabe", terminamos por encontrar aquilo outro, que é ignorado pelo protagonista. Partimos do conhecido em direção ao estranhamento, ao estrangeiro.

Feita essa ressalva, já ficamos com um ajuste; isto é, precisamos dar uma espremida, fazer uma adaptação do psicodrama à descrição conceitual de método a fim de encaixar mais precisamente o que fazemos em nosso dia-a-dia ao termo geral. Ainda em relação ao método e à descrição/comprovação do que se sabe, não nos basta descobrir o que se é, o que o protagonista alega saber, o que já tem sob seu comando. Se o tema em questão já foi explorado e se encontra devidamente significado e integrado à vivência do indivíduo, então compõe seu tecido emocional e o sustenta em momentos de dificuldade como um recurso contra adversidades. Sobre o recurso conquistado, não temos o que opinar.

Neste ponto, o psicodrama se destaca de um enfoque puramente fenomenológico, caracterizado pelo acesso gradativo ao que aí está, ao *dasein*. Estamos para além do que aí está, ou do que se encontra em processo de desvelamento. Talvez ainda seja possível na fase de aquecimento empregar princípios de descrição de como as coisas existem (referência ao existencialismo), ou mesmo de como o fenômeno gradativamente se nos apresenta (referência fenomenológica). Para além dessa descrição de caráter predominantemente estático ou contemplativo, desejamos provocar em nosso protagonista um salto qualitativo em direção ao novo, ao território desconhecido e não vivido. Se esse território não existe, pode ser ensaiado e gradualmente construído. Ficamos, portanto, mais próximos de um transformacionismo do que da contemplação.

Retomando o ponto das definições, podemos finalmente definir metodologia como a teorização do método, ou seja, a ponte entre a prática cotidiana e a teoria, supra-estrutura cognitiva soberana que nos serve de estrela-guia. Verdade seja dita, não antecipo a meus alunos (vamos poupar os inocentes) este como um ponto particularmente complicado no psicodrama. Nós psicodramatistas nem sequer nos acertamos com essa ponte longa demais entre nós mesmos, ora religiosamente adeptos de fragmentos morenianos lacunares e movediços, ora correndo em busca de socorro em outros referenciais – tema que foge ao escopo deste texto, mas aí se encontra transmutado em torre de babel teórica.

De qualquer modo, fazendo um resumo com viés psicodramático desses esclarecimentos teóricos: se pactuarmos com a concepção de que o recorte da técnica psicodramática é um conjunto de truques cênicos a serem empregados pelos diretores a fim de facilitar a compreensão dos dilemas dos protagonistas; e de que o método seria um plano superior, no qual o emprego criterioso dos recursos técnicos atenderia à expectativa da descoberta inusitada de respostas ou de permissão para concretizar experiências não vividas pelo protagonista – vivências acompanhadas por catarse de ab-reação e seguidas por catarse de integração; então a metodologia incorpora os dois anteriores e inclui as possibilidades de conectar esses resultados à teorização da prática. Logo, podemos concluir, ao observar conceitualmente os degraus teóricos anteriores, que o psicodrama se encaixa bem sob todos os conceitos, inclusive o de metodologia, metaconceito do método. Os profissionais podem usufruir desse instrumento em uma dimensão imediata da técnica, intermediária do método ou completa da metodologia.

Essa conclusão nos abre as portas para especularmos sobre possibilidades de investimento em uma pesquisa qualitativa que seja acolhida pelos adeptos de uma metodologia psicodramática. Contudo, apesar de receber o adjetivo "qualitativo", essa modalidade de pesquisa não foge completamente aos princípios acadêmicos originalmente estipulados para o enfoque quantitativo. A inclusão da subjetividade na pesquisa precisa preservar certo rigor, principalmente quanto à sistematização do método. No psicodrama, esse ponto guarda alguns problemas, em especial porque a inspiração é inimiga da técnica!

As tentativas de sistematizar nosso campo de trabalho têm sido claudicantes. A dramatização artesanal inusitada cria um hermetismo quase xamânico, de difícil acesso para os leigos ou para os aspirantes a pesquisadores dos métodos de ação. Para além da pajelança, que Moreno supunha ser uma das principais bases do psicodrama (1951), devemos encontrar formas mais adequadas de descrever o que de fato fazemos. Esse empenho poderá permitir melhor acesso e domínio aos colegas terapeutas que desejarem empregar o psicodrama como instrumento de tratamento emocional e aos pesquisadores que desejarem compreender melhor os mistérios da inter-subjetividade.

Se, por um lado, o emprego das técnicas e do método psicodramático encontra-se consagrado pela prática – e nossas formações se encarregam de promover o treinamento de diretores que saibam manejar bem essa instrumentação –, o mesmo não ocorre quanto à clareza do arsenal disponível ao diretor para conceber uma teorização com base nessa mesma prática. Cabe duvidarmos se a teorização teria algum propósito para consumo interno entre os diretores, ou para esclarecermos melhor à sociedade exatamente o que fazemos e como o fazemos.

Possivelmente, a maioria dos diretores nem sequer esteja muito preocupada com processos de teorização e sinta-se satisfeita o bastante em atender à demanda imediata de alívio do sofrimento emocional, bem como à busca de soluções de seus pacientes – o que reconheço ser trabalho extenso e complexo o suficiente. Para esses profissionais, ater-se ao psicodrama sob a perspectiva do método dramático supre o suficiente as necessidades de apaziguamento de suas dúvidas de trabalho. Sem querer glamurizar o psicodrama desnecessariamente, para outros profissionais que têm um conhecimento superficial de articulações técnicas, a facilitação terapêutica pode ser descrita como técnica psicodramática. O empenho profissional se limita a esse raio de ação mais restrito.

Fundamentados nessas considerações iniciais, chegamos à versatilidade do psicodrama, que no final das contas pode ser descrito como técnica, método ou metodologia, dependendo do uso que fizermos. Em relação a esse panorama genérico de possibilidades, interessa-me neste trabalho apresentar uma proposta de método que seja simples e permita a pesquisa qualitativa, base para o enriquecimento de parcela da metodologia. Vejamos se a proposta se sustenta.

Primeiramente, descontadas as questões de nomenclatura, qual a situação atual do psicodrama? Em nossa práxis, estamos bem municiados para o exercício cotidiano da clínica, mas talvez menos aptos a lidar com a reflexão acerca dessa prática. Ponderando a esse respeito: será que já chegamos ao ápice do psicodrama e agora nos resta a repetição acomodada da conserva técnica, antecipando um inexorável declínio? Perdemos a novidade e ficamos reduzidos a repetir frases de efeito de Moreno e a decorar ensinamentos após seu falecimento – há psicodrama após Moreno? Ao menos há um livro a esse respeito, um incentivo a ultrapassarmos o mestre e avançarmos em direção a novos espaços.

As adaptações que tornem o psicodrama palatável à academia excluem parcelas significativas dos métodos de ação. A oferta deste produto ao mundo científico nos joga na armadilha de o psicodrama deixar de ser uma vítima a se proteger dos avanços tecnológicos para se tornar uma parceira. Essa nova comunidade acadêmica a que podemos oferecer benefícios tem o poder de moldagem capaz de nos transformar na expressão do tecnicismo temido por Moreno. O ingresso acadêmico não mais oferece garantias de sobrevivência, mas abre portas para a reflexão da criatividade cênica.

Se o que temos a oferecer à comunidade acadêmica é nossa técnica, seu ensino deveria restringir-se às escolas técnicas e não às universidades. Se, por outro lado, o que temos a oferecer à sociedade é uma forma de arte, uma corruptela do teatro tradicional, deveríamos nos dedicar aos ateliês e aos teatros. Em vez de técnicos, deveríamos nos voltar para o recrutamento de talentos, pois a esses pertence o mundo da arte.

Caso a busca de credibilidade institucional e sobrevivência dos métodos de ação seja posta em prática, e parece que inevitavelmente o está, então será preciso ultrapassar o foco na técnica e na arte apresentadas em cena, uma vez que já esticamos ambos a diversos recortes possíveis – psicodrama, sociodrama, axiodrama, indivíduo, grupo, crianças, adolescentes, adultos, idosos, empresas, comunidades... Quase nada ficou de fora. O mapeamento das possibilidades está completo. O foco de atenção pode deixar de recair sobre o protagonista e incluir o trabalho do diretor.

Se na esfera técnica e artística o diretor lança luz no conteúdo trazido pelo protagonista – situado na realidade suplementar que compõe a cena do tablado psicodramático –, no nível metodológico, o foco de atenção teórica situa-se para além da cena imediata. Na medida em que na cena se encontra a dimensão eminentemente clínica do psicodrama, para além dela operam os princípios da metodologia de investigação subjetiva. Conforme a etimologia latina, para lá dessa cena visível se encontra o *ob* (atrás) *scenus* (cena). Lá estão os recursos disponibilizados pelo método.

Apesar de a alusão ao atrás de determinada cena sugerir uma recaída aos parâmetros analíticos do inconsciente, não se trata disso, em absoluto. Ao contrário, trata-se sim de voltarmos detalhadamente a atenção para o estudo sistemático dos bastidores de nosso método de trabalho, com vistas à organização de um campo definido como metapsicodrama. Além do tratamento do protagonista, esse campo permite o preenchimento das exigências e revisões que uma metodologia de investigação demanda, bem como abre novos espaços de inovação e superação da prática.

Uma das inovações da metodologia qualitativa equivale à descoberta de que o Sol não gira em torno da Terra, nem exatamente o contrário, mas de que todos os corpos celestes se encontram em movimento e interação continuada. À semelhança da Terra, o pesquisador deixa de ser o centro de poder no processo de coleta e análise dos dados sobre nosso sujeito-Sol. O sujeito tem o que dizer a respeito de si mesmo, desde que oferecidas as condições mínimas apropriadas para essa expressão. O palco psicodramático é indubitavelmente tal espaço.

Entretanto, não delegamos esse poder centralizador ao sujeito e ficamos reféns dessa delegação, meros joguetes nas mãos do outro. O que desejamos acessar, sim, está lá, no território do protagonista-dramaturgo, mas persistem variáveis em nossa interação que podem facilitar o intercâmbio na co-criação terapeuta–paciente. A expressão do sujeito depende parcialmente de nossa receptividade, empatia, clareza da própria expressão, enfim, atributos pessoais que se atualizam na relação, fluidificando o intercâmbio e incentivando maior abertura e reflexão.

Caso a revisão de requisitos para ascensão à ciência não ocorra com rigor e cautela, excluímos o psicodrama da magia dramática e ele perde sua intensidade revolucionária. Talvez este seja um de nossos maiores riscos: o de abrirmos mão do inesperado mágico do psicodrama em prol do academicismo. Em vez de uma forma de metodologia de investigação exclusiva, sobrar-nos-ia a técnica como uma superficialidade banal. Com o intuito de evitá-lo, descrevo em seguida alguns exemplos prévios de incursão aos bastidores do campo obsceno.

Curiosamente, Moreno chegou também a sondar este espaço da pesquisa qualitativa, o que indica a possibilidade de conciliação de expectativas entre essa proposta e a espontaneidade da clínica. Em sua obra *Sociometry, experimental method and the science of society: an approach to a new political orientation*, lançada no início dos anos 1950, organiza o trabalho de modo a pavimentar o caminho da socionomia em direção ao científico. Influenciado e flagrado entre as ciências naturais e sociais, tentou encontrar um lugar próprio, mesmo quando complexo. Refletindo acerca dessa localização ambígua, pondera: "A guinada no plano sociológico ocorreu com a adaptação do método experimental à situação humana, social" (p. 6). Nesse livro, lança as bases para a pesquisa-ação. Em outro momento do texto, critica o formalismo científico da época, sem atacá-lo de frente, ao afirmar que cada ciência refere-se a uma constelação de fatos e aos meios de sua mensuração. Sem os modos adequados para descobrir os fatos e sem os meios adequados de mensuração, uma ciência não existe (p. 32).

Apesar de uma vertente religiosa pronunciada marcar seus escritos, principalmente no início de suas publicações, Moreno sempre esteve preocupado com o tema da pesquisa em sua obra. No livro *Fundamentos do psicodrama* (1975), por exemplo, defende a importância da pesquisa no âmbito da psicoterapia de grupo: "Pesquisa de grupo é um pré-requisito essencial para a psicoterapia de grupo. Lamentavelmente, muito da literatura sobre psicoterapia de grupo é escrita hoje de modo dogmático, com pouca ou nenhuma ênfase em pesquisa" (p. 4). Aproveita o ensejo para criticar Freud, claro. Alega que as considerações do pai da psicanálise sobre dinâmica grupal foram feitas em caráter especulativo, uma vez que este não tinha experiência com grupos.

Diante da riqueza potencial de investigação relacional lançada pelo projeto socionômico, mesmo outros campos do saber se utilizam desse conteúdo para avançar na descoberta e no aprofundamento de conhecimentos baseados em propostas socionômicas. A título de exemplo, o trabalho de Berg (1989) destaca a importância da dramatização no processo de entrevista e pesquisa qualitativa. No capítulo "Um olhar dramatúrgico na entrevista", a teoria de papéis ampara o desdobramento do paradigma de interacionismo simbólico em uma pesquisa ativa, na qual o entrevistador desempenha papéis de ator, diretor e coreógrafo em relação a seus entrevistados.

No trabalho de Gómez, Flores e Jiménez (1996), a sistematização da investigação participativa coincide com princípios dos métodos de ação, publicados quase meio século antes. Para os autores, o enfoque constitui uma perspectiva relativista, que considera a apreensão da realidade e nosso conhecimento sob uma ótica individual e coletiva e, portanto, exige um envolvimento pleno dos participantes na criação de conhecimentos sociais e pessoais. Este conhecimento se constrói pela reflexão sobre a ação de pessoas e comunidades. O resultado de todos esses métodos é uma mudança na experiência vivida dos que se implicam neste processo de investigação. Acrescentam os autores ainda que, com base nessa perspectiva epistemológica, acentua-se a importância do conhecimento fruto da experiência vivida e da subjetividade da investigação (p. 56-57).

Nesses e em outros exemplos de busca de compreensão do material cênico-dramático produzido por protagonistas, observamos o quanto pesquisadores dispõem de recursos para registro, mensuração e análise de informações contextualizadas. A disponibilidade de recursos tecnológicos – tais como câmeras digitais, gravadores, filmadoras de alta definição etc. – permite-nos empreender no campo da pesquisa qualitativa com grande potencial para avanços teóricos e metodológicos.

Entender como o protagonista interage dinamicamente com outras personagens de sua vida emocional transposta para o espaço do como se demanda uma visão não somente pictográfica, mas essencialmente seqüencial. Essa seqüência pode obedecer a parâmetros de coleta de dados mais voltados para um viés quantitativo ou qualitativo. Na primeira alternativa, a descrição de comportamentos pode ser computada segundo uma seqüenciação temporal prefixada, ou seqüenciação intervalar. A cada x tempo procede-se a uma avaliação da dinâmica ou estrutura da cena – quantas personagens, quantas palavras empregadas, quantas trocas de papel, ou qualquer outro parâmetro desejado. Na segunda alternativa, privilegiam-se mais a subjetividade do conteúdo, a seqüenciação por eventos e o estabelecimento de categorias que permitam ao pesquisador o refinamento posterior desses dados. Dependendo do foco de interesse, o pesquisador deverá se perguntar se privilegiará a seqüência de intervalos ou eventos.

Além da ênfase no tempo ou no conteúdo, outra decisão diz respeito ao estudo de eventos momentâneos, de curta duração ou discretos, e daqueles outros que resultam de uma interação mais prolongada, referidos mais por determinado estado ou atitude contínua. Uma briga pode ser considerada um evento discreto e uma amizade, uma atitude contínua. A natureza do fenômeno a ser estudado interfere diretamente na forma de registro deste. Para um evento discreto, podemos lançar mão de uma forma contínua de registro. Já para uma interação de longo prazo – suponhamos o tema do poder dentro de um grupo de psicodrama –, talvez o melhor seja o registro intermitente ou seletivo de trechos relacionados ao tema.

Com o intuito de preservar a coerência interna do trabalho, precisamos decidir não somente quanto ao evento a ser estudado e como ele será registrado, mas também quanto ao número de observadores e ao grau de consistência entre os registros independentes de cada um deles. Esse tema em psicodrama é complexo pois compreendemos, sob uma perspectiva de cibernética de segunda ordem, que não é possível haver um observador neutro, alguém que observe a interação sem que isso afete o fenômeno observado. Uma saída seria o engajamento de todos os participantes do grupo como pesquisadores e fontes de relato do ocorrido – proposta feita por Moreno (1951) que caracterizaria uma das pedras de toque da pesquisa-ação. Outra opção consistiria em gravar a experiência e pedir que juízes realizassem a subdivisão seqüencial *a posteriori*. Uma vantagem dessa segunda opção seria o maior controle e distanciamento em relação ao clima emocional da experiência dramática. A desvantagem seria justamente a possibilidade de maior controle e distanciamento emocional da experiência...

A observação sistemática tem duas características definidoras: o uso de códigos ou categorias de comportamento predefinidas e uma preocupação com a confiabilidade do observador. Técnicas seqüenciais, acrescidas à observação sistemática, permitem a investigação de um conjunto enorme de questões relacionais. As técnicas de seqüenciação podem ser empregadas para responder a perguntas sobre como a interação se desenrola ao longo do tempo – por exemplo, estratégias empregadas pelo protagonista para enfrentar determinados conflitos – e também para nos ajudar a compreender melhor como a interação funciona a cada momento.

Uma primeira tarefa para este empreendimento consiste, portanto, na determinação de um sistema de codificação temporal. Quais critérios devem ser adotados para estabelecer os momentos de corte das seqüências interacionais e a que tipo de requisito a seqüência temporal deve atender para que se considere uma finalizada e a seguinte iniciada. De certo modo, dessa definição depende o sucesso ou fracasso posterior na coleta de informações, em especial na análise do material registrado.

A questão é que estipular um esquema de codificação é trabalho teórico, não mecânico. A fim de funcionar bem, um esquema de codificação deve adequar-se às idéias e questões do pesquisador; por isso, como resultado, raramente um sistema de codificação pode ser tomado emprestado de outra pessoa. Contudo, quando as questões a serem pesquisadas estiverem claramente estabelecidas, ficará muito mais fácil estipular quais distinções esse sistema deverá evidenciar (Bakeman e Gottman, 1997, p. 17). Às vezes, a mera descrição narrativa pode ser um ponto de partida para a determinação de quais questões o pesquisador deseja investigar, para somente em seguida chegar a quais categorias deseja particularizar em sua seqüenciação futura.

No exemplo a seguir, apresento uma forma preliminar de segmentação que permite ao aluno em formação e ao pesquisador interessado em sistematização de conteúdo dramático um formato de codificação de eventos resultantes do jogo desempenhado entre diretor e protagonista, bem como do protagonista em relação à montagem de seu drama. Esta seqüenciação não serve como modelo a ser seguido e sim como uma ilustração, um mero exemplo de possibilidades a serem exploradas pelo pesquisador em psicodrama, de modo a obter uma visão mais ampla da dinâmica cênica.

SEGMENTAÇÃO CÊNICA

No QUE DIZ respeito à intervenção mais tipicamente clínica do psicodrama, deparamo-nos com queixas constantes, principalmente dos alunos em formação, de que a seqüência dos passos adotados para uma dramatização bem-sucedida não é clara. Como proceder a uma investigação sistemática se nem sequer o básico de nossa atividade pode ser ensinado – a não ser por observação ou vivência? Ou talvez, quem sabe, aí se localize um começo possível, descontadas todas as vicissitudes de criar uma fatídica conserva cultural de chegada ao obsceno. Em outras palavras, que possamos falar sobre o que ocorre por detrás da cena psicodramática, permitindo ao menos que certos laivos de padronização do trabalho do diretor viabilizem o estabelecimento de uma área comum sobre a qual tenhamos a mesma linguagem descritiva.

Alguns desafios pairam sobre o trabalho dramático em relação às possibilidades de pesquisa por meio de um processo dramático. Um deles seria a atribuição de responsabilidade pelo que ocorre na dramatização. O diretor deve ser responsável pela forma, pela dimensão estética da dramatização, ao passo que o protagonista guarda para si e para o grupo o conteúdo: ficamos com o *como* e o protagonista com o *o quê*.

Uma vez estipulada essa divisão semântica de tarefas entre protagonista e diretor durante a dramatização, ficamos às voltas com o que fazer com esse *como* que nos compete. De que maneira proceder ao estudo de uma dramatização? Podemos tomá-la como um todo e avaliar as repercussões do trabalho quanto à queixa inicial do protagonista. Nesse caso, não nos detemos nos detalhes, em árvores singulares, mas olhamos para a floresta como uma unidade a influenciar o protagonista em sua busca de ressignificações de vivências insatisfatórias, ou mesmo de não-vivências, de fantasias não concretizadas anteriormente. No que se refere à pesquisa preliminar, o protagonista poderia ser avaliado antes e depois da intervenção psicodramática, seja por meio de questionários seja por meio de desenhos que retratassem o impacto pré e pós-dramatização.

Outra forma de ampliar o estudo dos efeitos da dramatização bem como de estratégia de ensino poderia ser obtida pela direção oposta, isto é, a de fragmentar o *acting out* e reduzi-lo artificialmente a blocos de tempo e espaço. Segmentar o trabalho dramático ajudaria o diretor a se instrumentalizar para compreender a investigação sistemática de seu trabalho e a analisar melhor os fluxos de interação e comunicação contínuos que subjazem à interação entre o protagonista e seu tema focal. Assim, a avaliação desses blocos espaço-temporais, tomados em fatias mais reduzidas, ofereceria a oportunidade para a desconstrução da dramatização em componentes elementares e a releitura dessa produção de sentidos com o auxílio de um jeito de olhar mais afeito à pesquisa qualitativa.

Essa sugestão de leitura de forma alguma tem por objetivo constranger o diretor em sua prática psicodramática diária, limitando-o tecnicamente; visa, sobretudo, propiciar novas opções de compreensão do trabalho que não se restrinjam à mera intuição vaga do que ocorre no procedimento teatral. Como resultado, o emprego de parâmetros mais claros de pesquisa para a expressão emocional do protagonista, além do auxílio de alunos de formação na organização de uma transição da teoria para a prática de maneira mais consistente e confiante.

Uma pergunta inicial acerca dessa proposta seria: para que segmentar a dramatização, se já temos uma subdivisão da sessão de psicodrama em três etapas: a) aquecimento (inespecífico e específico), b) dramatização e c) compartilhamento (sem falar de, às vezes em um ambiente de aprendizagem, uma quarta etapa denominada d) processamento)? A resposta mais óbvia é a de que essa divisão nos deixa com uma falsa impressão de estarmos em melhores condições de compreender o que ocorre em uma sessão psicodramática. Convenhamos que nomear de "dramatização" uma etapa hipercomplexa – composta por uma multiplicidade quase infinita de intervenções possíveis – e supor que, com isso, equacionamos a questão em pouco contribui para compreender os inúmeros fenômenos simultâneos entre o diálogo protagonista-diretor.

Quase todo aluno de formação (inclusive eu, à época de meu treinamento) deseja saber o que leva o diretor a seguir por certo caminho em detrimento de outro. Por que deixar o protagonista falar continuadamente ou interrompê-lo e propor uma troca de papéis, ou mesmo uma troca de cenas? A maioria dos diretores considera óbvio o fluxo de decisões, ao menos quando elas se encontram contextualizadas, de modo que raramente paramos para conjugar esse conjunto de passos bonitos de ser vistos, mas nem tanto de ser aprendidos, seguidos ou inovados.

Quanto ao trabalho da direção, toda decisão trará conseqüências. Podemo-nos interrogar sobre quando interferir em dada cena, mudando seu foco, mudando de cena ou deixando-a fluir mais um pouco. O protagonista pode, à guisa de exemplo, relatar paralisia emocional com o desenrolar da história. Uma mera troca de papéis pode ser suficiente para abrir novas hipóteses de ação e desbloquear o impasse criado pela angústia do momento. Em outros momentos semelhantes, pode ser mais prudente aguardar e conferir como a pessoa reage diante de uma situação crônica ou aguda e inesperada – e lançar mão de seu potencial espontâneo.

Reconhecendo que algumas das lacunas teóricas e principalmente dificuldades em ensinar a direção de cena decorrem de uma denominação excessivamente abrangente da dramatização, como seria subdividi-la em segmentações, ou subfases da dramatização. Cada subfase compõe-se de um conjunto de requisitos e características próprias e demanda do diretor e do protagonista o cumprimento de certas metas, antes da transição para a próxima subfase. O que deve caracterizar cada subfase varia de sessão para sessão, mas cada subfase guarda uma unidade que permite seu estudo em separado das demais. Em seguida, apresento uma seqüência que não tem por objetivo ser exaustiva, e sim oferecer uma visão de conjunto das possibilidades de compreensão qualitativa das interações, sem precisarmos recorrer a relatos eminentemente descritivos – "depois dessa fala, a pessoa reagiu desta ou daquela maneira e aí apareceu aquela outra personagem e fez aquilo"...

FASE 1

TRANSIÇÃO DO AQUECIMENTO: DA TEORIA À PRÁTICA

Uma primeira subfase pode ser descrita como a transição do aquecimento inespecífico para o específico. Vários alunos perguntam aquilo que para eles se transforma em um pólo de angústia: quando dramatizar? Apesar de várias possibilidades, o que gosto de empregar como caracterização dessa fase de transição entre discurso e ação pode ser resumido em: vamos dramatizar quando o discurso da pessoa se mostrar insuficiente para que ela compreenda o que se passa. Por vezes, o paciente descreve conflitos e o simples fato de externar verbalmente as dificuldades basta para que tome consciência daquilo que o impede de prosseguir com o fluxo de sua vida. Nesses casos, não há para que dramatizar, pois o esclarecimento já chegou, a simbolização do contexto foi suficiente para que a pessoa se sentisse instrumentalizada a prosseguir. Propor uma dramatização nesse momento serviria apenas para interromper um fluxo associativo bemsucedido e descrever o que já ficou estabelecido.

Nem sempre a descrição detalhada se mostra suficiente para exaurir os sentidos ou a falta de sentido de uma cena. A pessoa bate com a cabeça em uma muralha invisível e estanca. Esta é uma boa hora para propor um trabalho de ação, uma vez que a palavra perdeu sua força de modificação e esclarecimento.

Uma das tarefas principais do diretor nessa transição entre o verbal e a ação, ou entre a ação desfocalizada (aquecimento inespecífico) e a ação focalizada, consiste na determinação de um ponto de partida; a cena inicial em que o processo é deflagrado. Neste momento, prefiro sempre que o protagonista escolha a cena inicial, de modo a comprometer-se mais com esse início e a reduzir as probabilidades de atender às minhas expectativas de como seu drama deve ser iniciado. Alguns pacientes mais novatos ficam por demais ansiosos para fazer qualquer escolha. Não há problema nisso. Podemos oferecer qualquer imagem inicial, pois o fluxo associativo nos conduzirá à cena que carece de elaboração. Em outras palavras, todos os caminhos nos conduzirão a Roma. Uma boa exceção ocorre quando, na descrição prévia do conflito, a pessoa emprega uma metáfora que sintetiza o conjunto. Esse pode ser um ótimo ponto de partida (exemplo: "Sinto-me como se estivesse sobre uma jangada em um mar sem ondas"). Não há como não aproveitar a beleza poética de uma descrição desse tipo. Essa subfase assinala a transição da abstração da palavra para uma tradução mais literal e concreta em cena.

FASE 2
DECORAÇÃO, POVOAMENTO E IDENTIFICAÇÃO DO ALVO

Uma segunda subfase destina-se à montagem de cena. Neste momento, lidamos com a engenharia estrutural do processo: quem está presente, em que local do contexto dramático, quais as referências de tempo e espaço e a escolha de egos-auxiliares ou objetos que corporifiquem essas personagens. Uma das tarefas do diretor é identificar quais os pontos mais carregados de tensão e quais os supérfluos – elementos que destoam dos demais (essa é minha angústia), personagens que a pessoa reluta em escolher ou deixa por último. Via de regra, nada será supérfluo, mas se os elementos forem excessivos teremos de escolher o que investigar e o que deixar de lado, por administração do tempo. Normalmente, o fundamental é encontrar no espaço dramático o lugar do protagonista, o pivô em torno do qual todo o restante se distribui e ao menos um pólo de relações não foi inteiramente integrado. Para quem algo falta ser dito ou ouvido pelo protagonista? O que costuma ocorrer é descobrirmos que o indivíduo precisa estabelecer essa comunicação consigo mesmo, em sua versão criança ou outro estado de ego (Watkins e Watkins, 1997), porém não sabe como fazê-lo fora da realidade suplementar.

FASE 3
SHERLOCK HOLMES – OU: CADÊ O MORDOMO?

Uma terceira subfase seria devotada à investigação emocional das personagens que comporão o drama. Em geral, o protagonista assume o lugar da personagem e treina sua habilidade de porta-voz dessas figuras de seu mundo emocional que povoam o tablado. Neste momento, ainda há uma clara orientação para aspectos cognitivos de uma investigação sistemática, pautada pela tentativa de descobrir qual a importância dessas personagens para a cena e que tipo de interação será estabelecida entre a personagem e o protagonista. Quem é do bem e do mal e qual o peso de cada um para a cena.

Normalmente, as personagens mais comprometidas emocionalmente são deixadas pelo protagonista para o final, a não ser que o confronto esteja explicitado desde o início. Nesta fase, o diretor procura identificar se de fato o conflito oficial apresentado pelo protagonista no momento inicial de fala corresponde à interação com as personagens simbolizadas do tablado. Por vezes, certos conflitos latentes vêm à luz nesta subfase. Nessa entrevista prévia, confirmamos o alvo identificado na subfase anterior e oferecemos ao ego-auxiliar as falas básicas a serem empregadas na próxima subfase. Ao término da entrevista inicial com o protagonista no desempenho de cada papel, pede-se que deixe algum comunicado para o protagonista.

FASE 4
LUZES, CÂMERA, AÇÃO – OU: A TEORIA NA PRÁTICA É OUTRA

A quarta subfase refere-se ao deslanchar da cena – a ação propriamente dita. Todos já sabem suas falas básicas (se for uma psicoterapia de grupo) e propõem-se a interagir com o protagonista, provocando-o a sair de seu refúgio, a torre de marfim de sua acomodação existencial.

Neste momento, o protagonista se vê solto no meio das personagens que convidou para comporem sua fantasia, testemunha esse *ensemble* criar vida e com elas interage. Ainda nos encontramos em contato com a conserva cultural, pois tudo que ocorre foi rigorosamente estipulado pelo protagonista. Apenas aquecemos os motores para entrar em águas mais profundas e território não mapeado. Esta quarta fase se caracteriza como um porto seguro que ainda pode ser divisado no horizonte, mas do qual nos distanciamos rapidamente em direção a novos mundos.

FASE 5
POEIRA EM ALTO-MAR

Nesta subfase, é fundamental que o aquecimento do protagonista seja intenso o suficiente a ponto de permitir o início da expressão catártica. Sem esse descongelamento emocional promovido pela catarse de ab-reação, dificilmente respostas espontâneas encontram autorização pessoal para ser expressas nas fases seguintes.

A quinta subfase nos exige a tarefa fundamental de intensificar o conflito da cena, a poeira que impede ao protagonista deleitar-se com a vida. Esse impedimento pode se dar no momento presente do protagonista ou refletir em repetição alguma cena mais regressiva, ainda conectada ao presente por uma fala ou sensação física. Nesta subfase, em geral ocorre manifestação mais clara de catarse, com expressão de choro, raiva, risos, espanto diante de constatações inusitadas.

O conflito pode ser resumido naquilo que não pôde ocorrer (ser dito ou ser feito pelo protagonista), porque foi algo que se perdeu no tempo sem a despedida adequada ou algo que nunca se teve, porque a pessoa não dispunha de instrumentos emocionais desenvolvidos o suficiente para se expressar, reivindicar ou se proteger. Essa é a grande hora de fazer o que precisa ser feito e dizer o que precisa ser dito/ouvido. A técnica básica nesse momento é a inversão de papéis. Se o diálogo emperra e a troca de papéis não se mostra suficiente, lançamos mão de outras técnicas básicas, como duplo, solilóquio e espelho. A interpolação também pode ser empregada, caso se acentue a resistência à integração do diálogo.

FASE 6
APÓS A CHUVA, VEM A CALMARIA

Na sexta subfase, a expressão catártica diminui e a pessoa tem a oportunidade de experimentar a catarse de integração. Em vez de mistificá-la como algo inédito no trabalho dramático, a catarse de integração ocorre em todas as dramatizações nas quais o protagonista ressignifique seu conflito após a expressão de catarse de ab-reação. Uma vez reintegrado a um estilo de ser mais ligado ao presente – recebeu o que precisava ou abriu mão do que não mais necessitava –, o protagonista consegue, desenvolto, experimentar novas formas de interação com as personagens que antes o faziam sofrer de alguma maneira. Se nesse momento consegue o que precisa de um passado incompleto, começa a se perguntar como deverá prosseguir com a vida de agora em diante. O foco de atenção desloca-se gradativamente do passado para o futuro.

Conforme descrição de Fonseca (1980), a pessoa saiu de si ("das Ding ausser sich") – tanto na acepção de estar fora de seu estado normal quanto de se visualizar de fora – no processo de catarse, conhecendo uma faceta de si mesma que somente o discurso isolado não lhe permitiria acesso, e agora retorna a si, recompõe-se e volta ao ponto inicial, à coisa em si, porém com outros olhos. O protagonista retorna ao contexto grupal como alguém que volta ao lar após uma grande viagem. Pode-se agora acessar a coisa em si, a pessoa em si mesma ("das Ding an sich"), recomposta e livre do peso de seus fantasmas.

FASE 7

A sétima e última subfase normalmente costuma caracterizar-se pelo retorno à cena inicial e pelo *role-playing* de propostas surgidas espontaneamente na fase anterior. O controle delegado ao diretor durante o processo de catarse é reapoderado pelo protagonista, que exercita suas opções, impõe limites e se prepara para a fase do compartilhar. Perguntamos se há algo mais a ser dito e os despedimos das personagens em cena.

ANÁLISE DOS DADOS

Com base na descrição das informações coletadas no processo de segmentação cênica, deparamo-nos com o desafio de transformar essa informação seqüenciada em material passível de compreensão por outros colegas. Não basta a mera descrição seqüencial para que o trabalho de pesquisa se conclua. Estamos diante de matéria bruta. Há um tecido invisível que se forma a partir: a) das hipóteses que o pesquisador deseja formular (de que maneira determinado protagonista enfrenta conflitos, por exemplo); passando pela b) escolha de uma codificação adequada de quais cortes cênicos deseja empregar (aos moldes da seqüência apresentada ou em recortes temporais prefixados); e terminando com c) uma análise adequada do material registrado.

A análise narrativa poderia ser uma forma de elaboração do material. Trata-se de uma técnica analítica que almeja encaixar mensagens sob o formato de histórias. Entende-se que o contador da história, em nosso caso o protagonista, emprega emoção, escolha de palavras, escolha de personagens e organização espacial para montar uma história com uma seqüência lógica de eventos, mesmo quando, a pedido do diretor, salta de uma cena para outra. Proveniente da antropologia no início dos anos XX, expandiu-se para outras áreas do conhecimento, incluídos lingüistas, críticos literários, semiologistas e críticos de cinema (Kozloff, 1987, p. 42).

A suposição necessária para o emprego da análise narrativa é a estrutura do enredo sob esse formato de uma história. O objetivo seria esclarecer a estrutura subjacente. Esse procedimento de análise pode seguir duas linhas mestras: na primeira, a análise sintagmática, que analisaria o material sob um olhar temporal, determinando o fio condutor que conecta os acontecimentos apresentados, as ligações entre eles e a visão de conjunto decorrente. Na segunda, a leitura pelo olhar de uma análise paradigmática, ou seja, a busca de significado no processo de escolha de personagens, objetos ou lugares em que a cena ocorre, supondo-se que essa escolha não tenha sido aleatória, e sim fruto de uma busca de ressignificação de histórias inacabadas.

Outra forma de análise do material seria por uma análise dialógica. Nesse caso, o foco de interesse se volta para *como* as conversações entre os vários sistemas ideológicos se entrelaçam em uma narrativa. As personagens nessas conversas são a corporificação de uma linguagem ideológica por meio de suas posições sociais. Estudiosos analisam as personagens e ações para determinar a intenção maior do protagonista. O teórico mais influente dessa vertente é M. M. Bakhtin (Potter, 1996, p. 141).

Várias outras formas de análise dos dados textuais são possíveis, tais como a análise de conteúdo, análise mítica, análise do discurso etc., mas pode-se destacar a interdiscursividade. Conforme Brandão (1994, p. 72), o estudo da especificidade de um discurso se faz colocando-o em relação com outros discursos. O interdiscurso passa a ser o espaço de regularidade pertinente, do qual os diversos discursos não seriam senão componentes. Esses discursos teriam sua identidade estruturada de acordo com a relação interdiscursiva e não independentemente uns dos outros para depois serem colocados em relação. No âmbito cênico, a integração interdiscursiva é facilmente identificada, pois em grande medida é o protagonista quem determina o conteúdo de todo o campo discursivo da dramatização, por meio das trocas de papel.

Uma ressalva adicional acerca desse universo discursivo merece menção. Apesar de quase sempre o protagonista ser responsabilizado pelo conteúdo textual que emerge na dramatização, devemos considerar algumas exceções. Em casos específicos, dentre os quais me incluo, os diretores autorizam os egos-auxiliares a improvisar parte do discurso, com o intuito de reduzir o número de trocas e manter o aquecimento ou para testar a espontaneidade do protagonista. Outra situação ocorre quando empregamos a técnica de interpolação de resistências, e a apresentação de um pólo oposto ao que está em jogo na cena provoca a expressão de texto que o protagonista não havia previsto.

Qualquer que seja a escolha de elaboração do material apresentado, compete ao pesquisador proceder à seleção do conteúdo e à focalização nas hipóteses iniciais que nortearam o trabalho. Neste exemplo de seqüenciação, a segmentação cênica oferece subsídios a uma avaliação repleta de possibilidades para o recorte textual e tridimensional que fazem do psicodrama uma ferramenta privilegiada para a investigação qualitativa do humano em cena.

CONSIDERAÇÕES FINAIS

Além das qualidades relacionais estabelecidas entre diretor, protagonista e egos-auxiliares, encontramos especificamente em relação ao método dramático algo mais do que um palco disponível para a expressão individual. Há determinada seqüência de passos a ser seguida, seqüência que constrói uma manifestação arquitetônica, um edifício que poderá conter inúmeras fachadas e distribuições internas, essas sim escolhidas pelo morador que lá encontra seu lar emocional.

A pesquisa das subfases incluídas na dramatização permitirá não somente uma maior facilidade no processo de formação dos diretores em psicodrama, mas poderá esclarecer de que maneira os pacientes em sofrimento conseguem usufruir desse método de intervenção psicoterápica e significar ou ressignificar experiências de vida essenciais para seu equilíbrio emocional.

Enquanto observamos a encenação da perspectiva da audiência, podemos identificar com clareza um fluxo lógico de cenas. Certos momentos resultam de outros prévios e causam o aparecimento de outros. É como se estivéssemos assistindo a uma cadeia natural de eventos. Não importa quão contínuos pareçam, os elos que compõem a corrente montada na dramatização podem ser isolados e compreendidos como pequenas subunidades no meio de uma composição maior, que é a dramatização. Essa segmentação tem uma estrutura própria.

A proposta apresentada não traz garantias ou roteiros engessados. Colocar-se diante do desconhecido apresentado pelo palco vazio traz sempre medo ao paciente. Há uma conscientização continuada de que conhecimentos racionais e crenças atuais podem não ser bons o suficiente para lidar com o que está por vir. A mera expectativa pode ser intensa o suficiente para despertar ansiedade contraprodutiva. Esta precisa ser contrabalançada pela esperança, pelo desejo de experimentar algo que pode aliviar, ajudar a superar a acomodação.

O diretor também não é imune a essa expectativa sobre o que está por acontecer. Ansiedade contagia. Ter um rascunho de alternativas possíveis à mão, como uma seqüenciação do trabalho, traduzido por uma segmentação cênica, pode oferecer o alívio de determinar quais tarefas foram feitas ou ainda se encontram pendentes na dramatização, além de permitir ao diretor um método para avaliar e pesquisar sua prática com mais profundidade. No dia-a-dia, os diretores preservam um conjunto de opções à disposição, mesmo quando não estão plenamente cientes dessa segmentação.

O emprego de seqüenciações pode oferecer uma vasta gama de alternativas aos pesquisadores voltados a uma vertente mais subjetivada da interação cênica. O emaranhado de diálogos e a sucessão de cenas cedem lugar a um procedimento relativamente simples que ao mesmo tempo divide e preserva o conjunto, tomando-o conforme seus múltiplos critérios sociométricos e as inúmeras possibilidades de recortes. O recurso da segmentação cênica deixa entrever a lógica subjacente ao processo de direção e a reorganização de conteúdos inicialmente díspares, que incentivam o protagonista a superar seu contato imediato com a realidade, transcendendo-a.

Aos curiosos em compreender a dinâmica cênica, fica o convite à busca e ao encontro de estratégias para superar o artesanato psicodramático. O domínio do método de seqüenciação abre novas portas para experimentar outras leituras qualitativas que, à semelhança da segmentação cênica, ampliam nosso campo de atuação e compartilhamento da metodologia psicodramática com colegas pesquisadores.

REFERÊNCIAS BIBLIOGRÁFICAS

BAKEMAN, R.; GOTTMAN, J. M. *Observing interaction: an introduction to sequential analysis*. Cambridge: Cambridge University Press, 1997.

BERG, B. L. *Qualitative research methods for the social sciences.* Boston: Allyn and Bacon, 1989.

BRANDÃO, H. H. N. *Introdução à análise do discurso.* 7. ed. Campinas: Editora da Unicamp, 1994.

FONSECA FILHO, José. *Psicodrama da loucura.* São Paulo: Ágora, 1980.

GOMÉZ, G. R.; FLORES, J. G.; JIMÉNEZ, E. G. *Metodología de la investigación cualitativa.* Málaga: Aljibe, 1996.

KOSLOFF, S. R. "Narrative theory and television". In: ALLEN, R. C. (ed.). *Channels of discourse: television and contemporary criticism.* Chapel Hill: University of North Carolina Press, 1987, p. 42-73.

MORENO, J. L. *Fundamentos do psicodrama.* São Paulo: Cultrix, 1975.

_____. *Psychodrama – Second volume: foundations of psychotherapy.* Beacon: Beacon House, 1975.

_____. *Sociometry, experimental method and the science of society: an approach to a new political orientation.* Beacon: Beacon House, 1951.

POTTER, W. J. *An analysis of thinking and research about qualitative methods.* Nova Jersey: Lawrence Elrbaum Associates Publishers, 1996.

RORTY, R. *Objetivismo, relativismo e verdade: escritos filosóficos 1.* Rio de Janeiro: Relume Dumará, 1997.

THIOLLENT, M. *Metodologia da pesquisa-ação.* 6. ed. São Paulo: Cortez, 1994.

TURATO, E. R. *Tratado da metodologia da pesquisa clínico-qualitativa: construção teórico-epistemológica, discussão comparada e aplicação nas áreas da saúde e humanas.* São Paulo: Vozes, 2003.

WATKINS, J. G.; WATKINS, H. H. *Ego states: theory and therapy.* Nova York: W. W. Norton & Co., 1997.

WATZLAWICK, P.; BEAVIN, J. H.; JACKSON, D. D. *A pragmática da comunicação humana: um estudo dos padrões, patologias e paradoxos da interação.* São Paulo: Cultrix, 1967.

Um diálogo entre os autores

PSICODRAMA E PESQUISA

DEVANIR MERENGUÉ: Gosto das palavras "pesquisa" e "investigação", pois ambas têm um sentido de procura e busca que, em uma versão ideal, têm algo de despojado nessa busca de "verdades"... A etimologia da palavra "investigação", inclusive, tem algo a ver com ir atrás de vestígios...
    Isto pode se aplicar ao que procuramos na investigação psicodramática?
ANDRÉ MONTEIRO: Parcialmente, sim. Fico com dúvidas a respeito dos vestígios, pois a etimologia nos impõe uma ideologia subjacente de acesso a algo que lá está, que aguarda ser descoberto.
DEVANIR: Entendo... Talvez seja uma parte da história, mas tem algo de estória a ser inventado, é isso?
VALÉRIA BRITO: Eu prefiro pesquisa à investigação porque investigação – como o André apontou – tem esse viés de algo que se oculta, que foge e deve ser perseguido... Entendo a pesquisa como uma co-criação e acho, sim, que os dois termos se aplicam ao psicodrama, mas com reservas...
DEVANIR: Como assim "com reservas", Valéria?
VALÉRIA: Com reservas no que se refere ao objetivo da pesquisa. Explico: se estamos a serviço do projeto dramático de um grupo, a pesquisa é necessariamente diferente daquela que se coloca quando meu objetivo principal é produzir conhecimento.

ANDRÉ: Exatamente. Para considerarmos a dimensão da criatividade de uma maneira mais clara em termos psicodramáticos, devemos ultrapassar o viés psicodinâmico e nos voltar para a cocriação de algo que não está lá pronto, mas será construído no palco, sem intencionalidade prévia.

DEVANIR: Concordo, André. Mas como isto está distante da ciência positivista, não?

ANDRÉ: Concordo plenamente com a reserva, Valéria. Pois a ação nos permite acessar não somente a dinâmica do grupo, como também viabilizar a descoberta em nível estético e de conteúdo que atenda às necessidades mais imediatas do grupo, sem que esse conteúdo se destine a atender à curiosidade exclusiva do diretor/pesquisador. Sem dúvida, a proposta se distancia de um processo centrado na expectativa do pesquisador e se volta para o empoderamento grupal, privado de seu poder de autogestão.

DEVANIR: Avançando um pouco mais, ainda nessa linha... Pensei na questão da autoria dentro do psicodrama e já no próprio Moreno, na história dele. A idéia de co-criação desarruma bastante estes propósitos de as descobertas estarem associadas a um autor, exclusivamente.

PRODUTORES E CONSUMIDORES DA PESQUISA

ANDRÉ: Voltando, acho que devemos ponderar sobre a quem se destina essa tal pesquisa, quem serão os consumidores do resultado obtido e se, de alguma maneira, há como reaproveitar aquilo que é obtido em determinado contexto.

DEVANIR: Consumidores do resultado? Interessante... Sempre penso nos produtores.

VALÉRIA: Para mim, as coisas são simples: a pesquisa no contexto de intervenção se destina ao próprio grupo e pode ser reaproveitada como material para uma pesquisa do tipo estudo de caso. Se eu como pesquisador convido pessoas a participar de uma pesquisa a que estou procedendo, nosso trabalho é colaborativo – eles são participantes e não sujeitos –, mas a pesquisa é minha e eu decido como e com quem vou divulgar. Claro que com o consentimento dos envolvidos...

DEVANIR: Acho que penso mais ou menos como você, Valéria...

VALÉRIA: Enfim, a autoria da cena pode ser coletiva, mas seus objetivos determinam quem pesquisa.

ANDRÉ: De uma perspectiva positivista, esses papéis se encontram mais definidos do que em uma abordagem na qual o contexto engloba os interessados como observadores/criadores em primeira mão. Nosso papel de pesquisador nos leva a uma apropriação indébita desse resultado – *a posteriori* – e neutraliza/deixa em anonimato os contribuidores.

DEVANIR: Antes de mais nada, os consumidores são os produtores.

ANDRÉ: Quando me refiro à autogestão grupal, entendo que essa distinção de papéis se torne menos nítida, sim.

VALÉRIA: Pode deixar, mas não é a regra. Em pesquisa clínica, em geral, os participantes preferem o anonimato, mas nas outras modalidades nem sempre... A distinção produtor de pesquisa e público (não me agrada a palavra "consumidor") é bem menos nítida fora dos parâmetros positivistas...

ANDRÉ: Retomamos a temática de *locus* e *status nascendi*. O verdadeiro valor desse investimento emocional/cognitivo demandado de uma coletividade voltada para a descoberta por meio do psicodrama perde um pouco de seu brilho quando transposto para um formato mais tradicional de organização/classificação/divulgação de pesquisas. Perdemos o momento em prol da divulgação.

VALÉRIA: Sem dúvida.

DEVANIR: É verdade, André... Sinto que isso é um problema no que eu chamaria de discurso científico. Como escrever aquilo que é tão mais rico no grupo ou na relação? Ou seja, como seria o discurso científico psicodramático?

VALÉRIA: É a divulgação, o caráter público da pesquisa científica que propicia que esse conhecimento se estenda para outros grupos, redes.

DEVANIR: Sim, Valéria, mas a divulgação escrita é pobre. Talvez o discurso psicanalítico quando transcrito a partir de uma sessão, por exemplo, seja compreensível. Mas transcrever sessões de psicodrama é algo difícil... Como divulgar tantas nuanças?

ÉTICA

DEVANIR: Dentro disso, como fica a ética?

ANDRÉ: Quanto à ética e à riqueza da relação, claro que existe um consenso grupal de participação e mesmo de divulgação posterior dos resultados. No entanto, temo certa pornografia em nosso olhar no que diz respeito ao momento dramático; um acesso indevido ao conteúdo. Em outras palavras, mesmo ao falarmos de pesquisa do trabalho em grupo, fico com a impressão de darmos preferência à intervenção do diretor como um foco privilegiado do material a ser compartilhado. Quanto às nuanças, uma opção talvez fosse sistematizar a fala de todos os participantes, considerados portanto co-criadores e com direito a veicular seus mais diversos recortes.

VALÉRIA: Em uma perspectiva existencialista, ética é escolha. O psicodramatista pesquisador tem de fazer escolhas, sabendo que está escrevendo sobre o indizível.

DEVANIR: Pois é... Ética também está presente na transcrição de cenas para a escrita científica.

VALÉRIA: Sim, o psicodramatista, no contexto da intervenção, também faz escolhas que podem expor mais ou menos o grupo ou o protagonista. Também me preocupa o clima de "vale tudo" nessa pesquisa que, em princípio, deveria ser do grupo e não do diretor.

DISCURSO CIENTÍFICO

ANDRÉ: Se dermos vozes a todos esses envolvidos, será que ainda podemos chamar isso de escrita científica?
DEVANIR: Penso em gestos, emoções, posturas corporais... Em coisas banais para o psicodramatista, mas difíceis de traduzir em linguagem escrita. Talvez os participantes devessem fazer a tal escrita científica e fim.
VALÉRIA: Pois é, a escrita científica tem profundas limitações para comunicar as intervenções expressivas, tanto no que se refere ao conteúdo como à autoria. Daí entendo que a escolha por empregar métodos psicodramáticos em pesquisa não seja nada simples nem deva ser uma panacéia..

Sob um referencial pós-positivista (para não usar o termo "pós-moderno" que Devanir não gosta), a pesquisa psicodramática *pode* ser feita, não quer dizer que *deve* ser feita.

DEFININDO A PESQUISA

ANDRÉ: Precisamos retornar ao básico. Estamos falando de pesquisa em que termos? A cada vez que procedemos a uma intervenção do desconhecido para o protagonista, exercitamos uma forma de pesquisa, mesmo que em um sentido artesanal.
VALÉRIA: A ênfase no método como garantia de verdade é uma premissa neopositivista. A metodologia psicodramática aplicada à pesquisa científica amplia alternativas para a produção do conhecimento, mas não é a "melhor". A pesquisa realizada como intervenção é um aspecto talvez mais discutido, estou tratando aqui da pesquisa com objetivo científico.
DEVANIR: Sim, penso nessa pesquisa a que se refere a Valéria.
ANDRÉ: Saímos um pouquinho da pesquisa e deslizamos para o conceito de realidade. Contamos com um método que não se

aplica a qualquer situação e contamos com um co-participante que está longe de ser uma pessoa isenta.

DEVANIR: Sim, André, concordo... Ninguém é isento.

VALÉRIA: A pesquisa científica que utiliza metodologia psicodramática não pode ser empregada se não se problematizam noções como autoria, realidade, isenção ou neutralidade.

DEVANIR: Essa não-isenção está contemplada em nossos artigos. A não-isenção dos participantes é assumidíssima.

ANDRÉ: O que restou da cientificidade, então? Talvez tenhamos de nos contentar com a pesquisa qualitativa como um primo pobre da ciência positivista, ou virar as costas e assumir de vez esse outro território gigantesco pouco mapeado.

VALÉRIA: A proposta é que se discuta a própria noção de cientificidade e que a ciência não seja sinônimo de positivismo, até MESMO PARA INCLUIR OS POBRES...

DEVANIR: Sim, André, acho mesmo que é disso que se trata. Do não-saber que a ciência positivista sempre teve medo, ou incompetência, ou...

ANDRÉ: Então lá vamos nós, com o que nos cabe neste latifúndio.

VALÉRIA: As propostas pós-positivistas surgem como vozes das minorias – mulheres, negros, *gays*, loucos – tentando criar um conhecimento que privilegie a diversidade e não as concepções universalizantes. É mesmo uma ciência dos pobres, marginal.

ANDRÉ: Chegamos, então, ao psicodrama, arte dos atores fracassados e semelhantes, tal como Moreno preconizou.

DEVANIR: Penso que é marginal não necessariamente porque é dos pobres, mas do homem trágico, necessariamente fodido.

VALÉRIA: Isso. Então, se um pesquisador quer ser aceito no *mainstream*, deve fugir da metodologia psicodramática.

DEVANIR: Uma ciência que fale ao homem que sofre... E alguém não sofre?

ANDRÉ: Sem dúvida. Passamos pelo homem trágico e resvalamos pelo patético, mas ao menos com muita diversão e falta de qualquer rotina.

VALÉRIA: E a mulher trágica, não entra?
ANDRÉ: Quanto ao sofrimento podemos diferenciar, sim, por gênero.
DEVANIR: Claro, querida, as mulheres são essenciais (risos)...
VALÉRIA: Sim, porque o discurso científico tradicional é masculino.
ANDRÉ: Boas-vindas à mulher sofrida/trágica.
VALÉRIA: E estamos tentando ser menos essenciais, menos representadas como natureza. E na tragédia é esse nosso lugar...
DEVANIR: Prefiro um discurso humano, amplo.

TRAGÉDIA E CATARSE

VALÉRIA: Então, precisamos problematizar a noção de tragédia, a influência do teatro grego em nossa formação.
ANDRÉ: Acho que estamos aos poucos deixando a direção da cena e nos aproximando do local do protagonista... Considero um avanço.
DEVANIR: Acho importante isso, Valéria, porque a ciência positivista no que diz respeito às ciências humanas parece que esqueceu a tragicidade.
ANDRÉ: Vamos preservar a tragédia em sua dimensão poética ou promover uma limpeza catártica, avessos em *phobos* ao *pathos*.
VALÉRIA: Sim, essa é a questão. Vamos fazer uma intervenção, uma ciência que sirva para a catarse, individual ou coletiva, ou uma ciência que integre o sofrimento e celebre a diversidade?
DEVANIR: Uma ciência que inclua a paixão e nem por isso deixe de ser ciência. Vejam, meus caros, que sou um homem cético. Não quero aqui falar de holismos e bobagens do tipo...
ANDRÉ: Precisam ser oposições dialéticas ou podem ser polaridades complementares? À catarse de ab-reação se segue a de integração.
VALÉRIA: Veja, a própria noção de catarse é problemática.
DEVANIR: Catarse e ciência... Huummm!

VALÉRIA: Em Aristóteles ou Freud, é um extravasamento que liberta. Em Moreno, entendo como uma ação livre. É diferente para mim.

ANDRÉ: Sem dúvida. Colocamos a reificação do conceito em questão, especialmente por suas características processuais, difíceis de serem acompanhadas por meio de jargão positivista.

DEVANIR: Mas catarse está associada a tal realidade. E tantas outras coisas que a arte, esta sim, tem coragem de enfrentar.

VALÉRIA: A ciência positivista procura explicar o mundo, controlá-lo. No que diz respeito à vida emocional, a catarse propiciaria o extravasamento de emoções que, portanto, seriam menores e mais controláveis.

ANDRÉ: Por outro lado, me parece às vezes que nos aproximamos de uma religiosidade indevida, com referências a "despossessão". Quanto mais lágrimas, maiores a mobilização grupal e a suposição de que o protagonista se libertou de seus demônios.

VALÉRIA: Sim, tudo isso me parece muito tradicional, masculino. Livrar as pessoas de seus demônios ou ao menos expô-los à luz...

ANDRÉ: A catarse nos joga completamente para fora do enquadre científico tradicional e, no entanto, nos aproxima de nossa essência clínica, da convivência com o descontrole e os princípios de superação.

DEVANIR: Quando o psicodrama fica religioso e ritualístico demais, acho que se distancia de um projeto científico, como imagino que deva ser (?!!). Essa é a questão: quando ciência e vida podem estar mais próximas?

VALÉRIA: A noção de catarse é problemática e Moreno, me parece, oferece uma via não linear ao propor o conceito de catarse de integração.

ANDRÉ: De certa forma, é como se catarse fosse um equivalente da espontaneidade com emoção! Talvez tenhamos de tomar cuidado para não empregar uma discriminação que tente reduzir (e controlar) intensidade emocional/adequação social.

VALÉRIA: A catarse psicodramática – e podemos entender até a divulgação científica de um trabalho como uma espécie de catarse – é menos um extravasar de emoções e mais uma reinserção do ser em sofrimento no interior do grupo, de outra maneira e não necessariamente menos sofrida, porém mais livre.

DEVANIR: Temo a higienização, mas temo também essa coisa histérica... pouco crítica.

VALÉRIA: Lá voltaram os úteros...* (risos) como "casa das emoções". Há crítica (que é colocar em crise) nas emoções, nas manifestações do corpo, mas elas não são em si soluções nem problemas.

ANDRÉ: Fico na dúvida quanto à reinserção do indivíduo em sofrimento no grupo, pois em situações de catarse parece haver certo isolamento emocional do indivíduo; talvez de fato essa reação exija um cuidado de nossa parte... As tentativas de reinserção permitem ao protagonista enfrentar em realidade suplementar as emoções pouco toleráveis.

VALÉRIA: Se enfatizamos as manifestações emocionais como produtos dos indivíduos, para mim, perde-se o psicodrama.

ANDRÉ: Se as negarmos, perdemos o indivíduo.

VALÉRIA: Pois é, não é negar ou enfatizar, é acompanhar. Entendo como função da direção – nesse projeto que não é de higienização nem de exposição – o cuidado.

DEVANIR: Precisamos voltar ao trágico, aspecto necessariamente inserto na *pólis*.

ANDRÉ: A *pólis* está contemplada em nossa distinção de contextos; ainda em relação ao acompanhamento das emoções do indivíduo, creio que podemos abordar limites entre psicodrama individual e grupal.

VALÉRIA: A *pólis* como sinônimo de comunidade porque, volto a lembrar, na sociedade grega, as mulheres não eram cidadãs.

DEVANIR: Na verdade, poucos eram cidadãos na comunidade grega: nem mulheres nem estrangeiros etc.

---

* Refiro-me aqui à origem etimológica do termo "histeria": doença do útero (*hysterus*).

VALÉRIA: Pois é, pois é... Daí minha incerteza quanto à importância do modelo trágico clássico no psicodrama.
DEVANIR: Ou seja, a pesquisa psicodramática, pretendemos nós, não pode, de modo algum, estar dissociada da sociedade, não é?
VALÉRIA: Me parece bem mais interessante relembrar que Moreno foi um crítico do teatro tradicional e da sociedade européia do século XIX... Daí entendo sua filiação com movimentos filosóficos do início do século XX.
ANDRÉ: E como lidar com quem se situa supostamente fora dessa sociedade?
DEVANIR: O problema é (isso precisa ser retomado a todo momento): pesquisa com quem? Para quem? Por quê?
ANDRÉ: Talvez seja assim mesmo, um conjunto de respostas provisórias para essas perguntas insistentes... Preciso averiguar qual a pretensão do projeto dramático do protagonista.

A FUNÇÃO DA CIÊNCIA E DA ARTE

DEVANIR: Mas a tragédia grega questiona a sociedade grega. Essa é a função da arte e deveria ser a da ciência...
VALÉRIA: Pois é, não entendo que a arte tenha uma função. Entendo que a arte celebra o mistério e que Aristóteles viu nessa celebração uma maneira de promover determinado modelo social. A ciência tradicional também pretende promover determinados modelos de vida.
ANDRÉ: Parece que retornamos ao início de um ciclo, ao da função da arte e da pesquisa e do quanto o psicodrama tem alguma utilidade quando relatado *a posteriori*, se é que tem alguma.
DEVANIR: Claro que arte tem função, no meu entender. Não estou falando de modelos preestabelecidos ou a tal arte engajada. Tudo isso é balela. Mas a arte tem função porque existe em uma sociedade. Apenas isso...

VALÉRIA: Para mim, a pesquisa científica deve ser cética e promover a busca do conhecimento. O psicodrama me oferece um conjunto de preceitos e procedimentos que me ajuda a realizar essa pesquisa em que acredito.

ANDRÉ: Oba, por falar em modelos de vida e conserva cultural, vamo-nos subordinar a um modelo científico ou artístico?

NOMADISMO

DEVANIR: Gosto da tensão entre a ciência e a arte... Gosto de um psicodrama nômade.

VALÉRIA: Pois é, acho que o psicodrama se presta a vários projetos distintos, a criticar e a validar modelos éticos e estéticos... Gosto de não precisar escolher dogmaticamente e, assim, me distancio tanto da ciência tradicional quanto da religião.

DEVANIR: Mas também a duvidar de modelos éticos e estéticos, não?

VALÉRIA: Posso conversar com vocês e gostar disso, sem necessariamente concordar com vocês.

DEVANIR: Não vejo discordâncias... Acho que é claro que não somos dogmáticos.

ANDRÉ: Vamos encontrar um lugar para nós ou assumir um papel de beduínos, a vaguear pelo deserto por trilhas que somente nós supomos conhecer.

VALÉRIA: As trilhas dos beduínos são conhecidas por várias gerações de beduínos (risos).

ANDRÉ: Sim, e guardadas a sete chaves. Esse é meu receio de enclausuramento do psicodrama.

DEVANIR: Pois é... Acho bom o nomadismo escolhido, não o desterrado, que caminha sem saber. Vagar escolhendo isso. Suportar alguns descaminhos. Isso significa abrir mão de muitas certezas.

VALÉRIA: Sério. Acho que nós, psicodramatistas, temos um lugar na ciência pós-positivista como uma metodologia que privilegia a diversidade de temas, autoria e expressão da vida humana.

ANDRÉ: Concordo, em especial quando nos propomos a buscar essa sistematização que permita a abertura e o compartilhar de trilhas com nossos colegas caminhantes.

VALÉRIA: E talvez sejamos beduínos, um grupo pequeno, que vive em um lugar inóspito, mas que vê beleza nele.

ANDRÉ: Vejo um oásis diante desse exercício que acabamos de fazer. Não sei se é miragem, provavelmente sim. Contudo, me agrada muito a companhia e relativo sofrimento da trilha, em especial pela paixão/obstinação.

ALGUMA AVALIAÇÃO SOBRE A CONVERSA

ANDRÉ: Trata-se de um *chat*, de um veículo virtual que também veicula pesquisa, à semelhança do que ocorre em um grupo de psicodrama. Serviria, mesmo que com alguns cortes, como um modelo/forma de pesquisa.

DEVANIR: Legal, André...

VALÉRIA: Para mim, é isso: essa conversa mostra as (im)possibilidades de uma comunicação que privilegia a diversidade e se realiza como manifestação de uma paixão comum. Entendo que fazer psicodrama, como intervenção ou pesquisa, é como essa conversa. Amei a imagem dos beduínos e vejo esse oásis, uma sombra nessa escrita que produzimos aqui, uma sombra que certamente não abrigará a todos.

DEVANIR: Gostei muito, meus queridos...

BRASÍLIA/CAMPINAS, ABRIL DE 2006.

Os autores

ANDRÉ MAURÍCIO MONTEIRO é psicólogo, mestre e doutor em Psicologia pela Universidade de Brasília. Sua tese de doutorado consistiu em adaptação do teste sociométrico grupal à investigação do relacionamento conjugal – foi aprovado com louvor. No momento, trabalha na graduação do curso de Psicologia da Universidade Católica de Brasília, onde tem ministrado, entre outras disciplinas, Psicodrama. Iniciou a formação em Psicodrama em 1984, tendo obtido os títulos de psicodramatista, terapeuta-didata e professor-supervisor. Em 1997, fundou, em parceria com a dra. Valéria Brito, a Focus – Consultoria em Relacionamentos Interpessoais, onde trabalha com psicoterapia psicodramática de adultos em nível individual e grupal. Atualmente, coordena a formação de psicodramatistas em curso reconhecido pela Febrap.

DEVANIR MERENGUÉ é psicólogo formado pela Unesp, *campus* de Assis (SP). Mora e trabalha em Campinas. Dedica-se à clínica atendendo jovens e adultos. É professor no Instituto de Psicodrama e Psicoterapia de Grupo de Campinas e pesquisador no Violar – grupo de estudos sobre violência e imaginário na Unicamp. Atual editor da *Revista Brasileira de Psicodrama*, periódico publicado pela Federação Brasileira de Psicodrama. Autor de artigos publicados em livros e revistas científicas e de *Inventário de afetos,* publicado pela Editora Ágora.

VALÉRIA BRITO nasceu no Rio de Janeiro, mas reside em Brasília desde a infância. Cursou Psicologia na Universidade de Brasília, onde também fez mestrado e doutorado. Cursou Psicodrama na Associação Brasiliense de Psicodrama e Sociodrama (ABP), pela qual obteve o título de didata-supervisora. Trabalha como psicoterapeuta e supervisiona alunos de Psicodrama na Focus – Consultoria em Relacionamentos Interpessoais. É professora no curso de Psicologia da Universidade Católica de Brasília e seu interesse atual em pesquisa concentra-se na articulação entre psicoterapia e políticas públicas.

IMPRESSO NA
sumago gráfica editorial ltda
rua itauna, 789   vila maria
02111-031   são paulo   sp
telefax 11 **6955 5636**
sumago@terra.com.br